[日] 稻盛和夫 著
曹岫云 译

干法

働き方

机械工业出版社
China Machine Press

图书在版编目（CIP）数据

干法 /（日）稻盛和夫著；曹岫云译 . —北京：机械工业出版社，2019.9（2020.12 重印）

ISBN 978-7-111-63557-4

I. 干…　II. ① 稻…　② 曹…　III. 工作方法 – 通俗读物　IV. B026-49

中国版本图书馆 CIP 数据核字（2019）第 187516 号

本书版权登记号：图字　01-2015-0849

干法

出版发行：机械工业出版社（北京市西城区百万庄大街 22 号　邮政编码：100037）
责任编辑：欧　俊
责任校对：殷　虹
印　　刷：北京诚信伟业印刷有限公司
版　　次：2020 年 12 月第 1 版第 9 次印刷
开　　本：147mm × 210mm　1/32
印　　张：7.375
书　　号：ISBN 978-7-111-63557-4
定　　价：39.00 元

客服电话：（010）88361066　88379833　68326294　投稿热线：（010）88379007
华章网站：www.hzbook.com　读者信箱：hzjg@hzbook.com

译者序

热爱的力量

⊙曹岫云
稻盛和夫（北京）管理顾问有限公司董事长

稻盛和夫是一位传奇人物。他是科学家出身，25岁时在精密陶瓷领域就有划时代的发明创造，但他却是以企业家出名。稻盛27岁时开始创业，赤手空拳40年间创建了京瓷和KDDI两家世界500强企业。然而，我认为稻盛先生本质上是哲学家，而且是一位彻底追求正确思考和正确行动的哲学家。科学家、企业家、哲学家，一身而三任，这在人类历史上是空前的，在当今世界上是唯一的。

稻盛先生65岁从经营第一线引退后，将心血倾注于“盛和塾”及“京都奖”等公益活动上。13年后的2010年2月1日，在日本政府再三恳请之下，稻盛先生以78岁高龄毅然出任破产重建的日本航空公司的董事长，仅仅一年就让日航起死回生，并取得了日航60年历史上最高的利润。这个利润还是当年全世界727家航空企业中的最高利润。

传奇人物的身上又增添了一笔浓重的传奇色彩。

然而，让稻盛先生成为传奇人物的稻盛哲学却没有任何神秘的色彩。恰恰相反，这种哲学十分朴实，用稻盛先生自己的话来说甚至有点儿“幼稚”。这种哲学，每位企业家甚至每个人都能掌握，都能实践。当你读完稻盛先生的《干法》一书以后，我相信你自己就能得出上述结论。

读《干法》这本书的时候，我有一种发自灵魂深处的强烈感动。为了与读者分享这种感动，我不仅翻译了本书，而且觉得应该借此书中文版出版的机会，将我读此书、译此书时心灵上所受到的冲击，以及我自己的感悟和实践告诉读者。

《干法》从字面上讲，似乎是讲述如何有效工作的方法，但其实本书的重点并不是讲具体的工作方法，而是论述位于工作方法之前的问题。它着重阐述人生观中的“劳动观”“工作观”，而这个问题具有重大而深刻的现实意义。

热爱导致成功

你想获得事业的成功和人生的幸福吗？如果你想这样，稻盛先生告诉你，这很简单，但前提是你必须热爱自己的工作。“热爱”这个词，稻盛先生又常常用“喜欢”“迷恋”这类词来表达。

如果你不喜欢、不热爱你当前的工作，那么在多数情况下，你得马上改变你的心态，哪怕是强迫自己改变。

如果你热爱自己的工作，你就会全身心投入。如果你全身心投入，就会产生良好的工作结果。你这种工作态度和工作结果不但能获得周围人的肯定，而且会让你从内心感到满足并产生自信。而这又会成为动力，激励你更努力地投入工作……这样的良性循环，不仅是成功的必要条件，而且从某种意义上讲，它甚至就是成功的充分条件。因为这种良性循环可以改变你的命运。

这就是稻盛先生最重要的人生经验之一。转变自己的心态，从不喜欢自己的工作到喜欢、热爱乃至迷恋自己的工作，稻盛的命运就从这里开始发生了戏剧性的变化。

热爱燃起激情

我很幸运，2001 年 10 月 28 日这一天，我在天津第一次见到了稻盛和夫先生，从此与稻盛和稻盛哲学结下了不解之缘。

当时我自己已经有了多年经营企业的经验，但在经营和人生中有许多困惑。在接触稻盛和稻盛哲学的一瞬间，我有一种豁然开朗的感觉，所谓“众里寻他千百度。蓦然回首，那人却在，灯火阑珊处。”我觉得稻盛先生将人生和经营的基本问题都讲清楚了，讲透彻了，而且他做出来了，做得近于完美。在现实世界中，我还从未见过像稻盛先生这样纯粹且思想深刻的人。凭直觉，我感到稻盛先生可以成为自己的精神导师，稻盛哲学就是我一直寻找的人生真理。

同年 12 月我专程拜访了位于京都的京瓷公司，购买了稻盛先生的全部著作，订购了自创刊以来所有的《盛和塾》杂志。

我在天津会议上发表的论文《百术不如一诚》，在天津会议后写给稻盛先生的信《解读稻盛成功方程式》，以及 2004 年寄给稻盛先生的《关于实事求是：读稻盛先生〈企业人所见中国之现状〉及〈中共中央党校讲演要录〉有感》等文章，受到稻盛先生的称赞，并在日本《盛和塾》杂志上陆续刊载。

我多次赴日本参加日本“盛和塾”全国大会（后称世界大会）和塾长例会，并有机会经常向稻盛先生当面请教。2006 年我所著《稻盛和夫成功方程式》一书在中国出版后，又被译成日文，经稻盛先生亲自推荐，在日本出版并畅销。在 2007 年 3 月 30 日中文版《京瓷报》上，稻盛先生评价此书道：“正是因为透彻理解京瓷哲学的非京瓷人所著，所以很值得参考。”

2007 年，我与无锡许多志同道合的企业家一起筹建了中国首家“盛和塾”——“无锡市盛和企业经营哲学研究会”。同年 7 月 2 日，稻盛先生率领日本盛和塾 120 位企业家来无锡举办开讲式。

2008 年 2 月，为了配合时任国家主席胡锦涛同志访问日本，中央电视台《对话》栏目准备制作专题节目“中国制造和日本制造”，他们希望邀请稻盛先生作为日方主嘉宾参加节目的录制。受该栏目导演的委托，我出面邀请稻盛先生获得成功。2009 年 4 月，受有关方面的委托，我又赴日本，当面邀请并说服稻盛先生 6 月 9 日到清华大学、6 月 10 日到北京大学、11

月 2 日到“中外管理第 18 届官产学恳谈会”上发表讲演，均获成功。

近年来，我翻译了稻盛先生的著作《你的梦想一定能实现》《干法》《活法》《敬天爱人》《坚守底线》《心法：稻盛和夫的哲学》《燃烧的斗魂》《稻盛和夫的实学》《阿米巴经营》《成功激情》《调动员工积极性的七个关键》以及稻盛先生与梅原猛先生合著的《拯救人类的哲学》共 12 本书，编译了《在萧条中飞跃的大智慧》《六项精进》《经营十二条》《经营为什么需要哲学》《心灵管理》《领导者的资质》《稻盛和夫哲学精要》共 7 本书，审译了《活法叁：人生的王道》，并为各书写了推荐序言。同时，这 7 年来，我还翻译了稻盛来华以及每年在盛和塾世界大会上的全部讲演文稿。应出版社要求，我夜以继日，只花了 3 个星期就写出了《稻盛和夫记》——稻盛和夫 60 个哲理故事，初版 2 万册当即被当当网一家买断。

2010 年，由稻盛先生亲自提议的稻盛和夫（北京）管理顾问有限公司正式成立，我担任董事长。公司干部员工齐心协力，在全国“稻盛迷”的全力配合下，我们成功召开了稻盛和夫经营哲学北京报告会，青岛、广州、大连、重庆、成都以及杭州等地报告会。每次报告会场面火爆，好评如潮。这几年中，中央电视台采访稻盛先生达 7 次之多，节目播出之后，影响深远。

我今年已经 69 岁，每天工作 12 ~ 15 个小时，星期天、节假日也不例外。除公司内部工作、翻译工作外，有时一个月乘飞机十余次，应邀去各大企业和各地盛和塾，宣讲稻盛哲学和阿米巴经营，解答企业家们的问题，有时连续讲解五六个小时。如此大的工作量，家里人、企业同事、周围的朋友、日本友人都为我的健康担忧。但因为稻盛哲学和实学是正确经营企业的强大思想武器，受到广大企业家发自内心的热忱欢迎，所以工作虽然忙碌，我却总是乐在其中，并不感到过度疲劳。因为带着紧迫感和紧张感，所以往往精力充沛，信心十足，真是“不知老之将至”。我想，这么重要的工作居然落到我的头上，而且我尚能胜任，这让我感到格外荣幸。抱着一颗感恩之心，我内心的充实和满足难以言表。

我想，无非是因为我对这项工作的热爱燃起了我的激情，而且使这种激情持续不断。我在亲身实践中领会了稻盛先生在《干法》中阐述的这个道理。

热爱激发灵感

一位著名的德国汉学家说：“没有翻译就没有新中国，因为没有翻译，马克思主义就无法传进中国。”这是强调翻译重要性的一句很中肯的话。

翻译要达到信、达、雅的境界，译者至少要具备四种能力，即外语能力、母语能力、理解能力和表达能力。除此之外，有时甚至还涉及译者的人格、治学作风以及心灵的状态。

译者只能按自己的理解来翻译原著，往往文字上似乎译出来了，但作者的思想却译不出来，有时甚至把作者的原意颠倒了。

有时即使理解了，但要把理解的意思用文字准确、流畅、恰如其分地表达，仍然颇费思量。表达不到位、不充分，就不足以带给读者感动乃至震撼，但用词过了头，又在瞬间减弱甚至失去了作者观点原本具备的说服力。

我的经验是，不理解或原意吃不准时，可以查阅资料，可以请教别人，甚至请教作者或作者周围的人。但如何将原著的精神如实表达，译出神韵，让读者易于理解并有阅读快感，却常常让我绞尽脑汁、费尽心思。

经常出现这样的情况：读了作者一段精彩的话，备受感动，但因为文化的差异，用中文如何表达，却手足无措，很是焦急。但是，既然热爱这项工作，我就不敢怠慢，不敢敷衍，无论如何必须把作者的思想忠实地传递给读者。这样一种强烈的愿望常常会进入潜意识，让我在散步、洗澡、睡觉醒来甚至如厕时，头脑里灵光一闪，出现神来之笔，我因此会心一笑。

当这一节翻译完成后，对照翻译前的窘态，我自己也会吃惊，我竟能译得如此酣畅淋漓。

我很喜欢辛弃疾的词："我看青山多妩媚，料青山见我应如是。"当稻盛的著作融入我的心中时，当我的心融入稻盛的著作之中时，当自己和自己的工作对象融为一体时，灵感就会油然而生。

常常出现的这种小小的灵感，虽然同稻盛先生开发划时代的新产品时上苍赋予他的灵感不可同日而语，但在翻译和平时的工作实践中，我也深切体会到了稻盛先生有关热情可以激发灵感这个重要的思想。

热爱陶冶人格

稻盛哲学的精髓可以用"提高心性，拓展经营"这句话来表达。所谓"提高心性"，稻盛先生又常用磨炼灵魂，净化心灵，提升理念，陶冶人格，扩展器量等说法来替代。

这里又出现一个因果循环：只有提高心性，才能拓展经营；反过来，只有在拓展经营的实践过程中才能提高心性。

换言之，比完成活儿更重要的是完善干活人的人格。但是干活人的人格必须在干活中才能提升和完善。

“工作造就人格。”要全身心投入当前自己该做的事情中去，聚精会神、精益求精，这样做就是在耕耘自己的心田，就可以造就自己深沉厚重的人格。

用真挚的态度，正面面对生活、工作、经营中的现实问题，绝不逃避，拿出勇气，用良知去应对解决，这个过程本身就是提高心性。

稻盛先生说：“回顾自己人生的每一天，其实就是通过经营实践，不间断地提升自己心性的每一日。”

我在平时的工作中，特别是在传播稻盛哲学和阿米巴经营的过程中，对这一点有特别深刻的感受。

热爱工作，投身事业，在这个过程中，抑制私心，陶冶人格，鼓足勇气，贯彻正义，这样才能获得周围人由衷的信任和尊敬。

在急功近利的世风中传播稻盛的利他哲学，好比“向沙漠中洒水，在急流中打桩”，需要有明确的信念、强烈的愿望、坚定的意志和甘愿自我牺牲的勇气。

我把传播稻盛哲学看作自己的天职。稻盛先生说：“天职需由自己创造。”而这项事业的最高报酬不是别的，就是磨炼自己的灵魂，使它在人生谢幕之时比开幕之初高尚一点点。

热爱获得天助

天道酬勤。只要热爱工作，只要抱着纯粹的动机、强烈的愿望，付出不亚于任何人的努力，就能感动上帝，获得天助。因为这种态度符合天道，与天地宇宙的意志相一致。

稻盛先生在谈到日航重建成功时说：“看到我奋不顾身的样子，神灵、上天，或者说是自然，因感动而向我伸出了援助之手。如果不是这样，日航如此奇迹般的回升是根本不可能的。这不是人的力量，只能说是Something Great，即某种‘伟大之物’在发挥作用。这种‘伟大的存在’让我参与了日航重建，并援助推动重建工作取得了卓越的成功。”

稻盛哲学在中国的传播也开始出现类似的现象。中国已经出现了一批实践稻盛敬天爱人哲学的优秀企业。“一灯照隅是国宝”，一个行业中只要出现一家这样的企业，就能影响整个行业的风气。“一灯照隅，万灯照国”，如果每个行业都出现这样的企业，就可能改变整个商业文明的走向：从利己的文明走向利他的文明。

这不但是可能的，而且是必然的。因为这就是天意。违背天意，人类将没有未来。

2015年2月5日

曹岫云

中文版序

我的劳动观

本书的原著于2009年4月在日本出版以后，立即成为畅销书，并连续占据排行榜前列。本书出版后不到一年，接连再版，获得年轻读者广泛的支持。

我写这本书是出于对日本社会变质的深刻忧虑。第二次世界大战以后，日本从废墟中奋起，经济快速增长，成为世界第二经济大国。但是，人们在赞叹物质富裕的同时，却丧失了最重要的价值观，而正是这种价值观才从根本上支撑了日本经济的发展。

这里所说的价值观指的是劳动观，就

是对工作的基本观念。工作在人的一生中占的时间最多，人们在工作中学到的东西也最多。但是，现在许多人却找不出在工作这一尊贵的行为中所包含的目的和意义。

因此，多年来，在日本的年轻人中逃避工作的倾向逐渐严重。比如，在年轻人中，不想认真干活，靠打零工糊口，无固定工作的自由职业者急速增加，这已经成为一个很大的社会问题。

另一方面，由于泡沫经济的消极影响，在理应承担起当今社会责任的这一代年轻人中，将“流汗工作”视为美德的社会风气逐渐淡薄，而不劳而获，想靠投机赚大钱的恶劣风潮却在逐年增强。

这种劳动观、价值观的变化，伴随日本劳动人口的减少，再加上人们劳动热情的降低，不仅导致日本国际竞争力的下降，而且对日本这个国家的成长和发展也投下了阴影。

这样下去，日本会国将不国。所以，就在今天，必须对劳动、对工作，从根本上重新审视。

将劳动、工作的目的和意义及其方法告诉年轻的一代，抱着这样的使命感，我执笔直书。

我认为，上述观点对于取得惊人经济发展的中国而言，也具有同样的参考意义。据说，中国在伴随经济增长而来的急剧变动中，产生了一些不好的社会现象。今后中国要保持持续高速的经济增长，要成为全球经济大国，那么如何在整个社会确立正确的劳动观、价值观，将是一个不可等闲视之的巨大课题。

本书的内容不过是从我粗浅的人生经验和思索中所产生的质朴的“劳动观”。但同时，它又是从我70余年的切身经历中所获得的不可动摇的“信念”，也可以说它是被实践证明了的正确的“哲学”。

表述我“劳动观”的这本书，如果能成为肩负中国未来的年轻人前进的路标，我将感到莫大的荣幸。自古以来中国人一贯真挚地追求正确的为人之道，这是值得中国人高度自豪的。如果本书中的观点能为中国人广泛接受，也将是我的意外之喜。

前言

幸福『工作法』

为了度过有价值的人生

日本这个国家迎来了一个“没有方向的时代”。一方面，人们找不到前进的明确指针；另一方面，人们又面临许多过去未曾碰到过的问题，即社会趋向于少子高龄化，人口减少，地球环境恶化等。同时我们看到，人们的价值观本身也陷入了混乱之中。

对于人生中用时最多的“劳动”观念的扭曲，以及对于“工作”的认识改变，正是价值观混乱的表现。

“人为什么要工作?”“劳动究竟为了什么?”现在多数人已经丧失了对工作目标和意义的正确认识。

讲述如何提高日常工作效率的技术以及操作指南之类的书籍汗牛充栋。但是，工作的根本意义究竟在哪里？这么重要的问题却无人探讨。

在今天的年轻人中，有一种明显的倾向在滋长，那就是不喜欢工作，厌恶劳动，并且还会尽可能地逃避工作的责任。

有的人把“努力工作”“拼命劳动”看得毫无意义，他们甚至对积极工作的人报以冷笑和鄙视。

还有许多人热衷于股票买卖，憧憬于“轻轻松松发大财”。很多人创办风险企业，其目的也只是想通过上市一攫千金，然后年纪轻轻就脱离工作，享受生活。把这些当作人生目标的人正在日益增多。

与此同时，社会上还出现了恐惧劳动的倾向。

刚踏进社会的年轻人，把工作视作剥夺人性的苦役。甚至很多人干脆不求职、不工作，而选择在父母的庇护之下混日子，要不然就不务正业，靠打零工糊口。无固定工作的自由职业者的增加，是劳动观念、工作意识改变所带来的必然结果。

把工作看成不得不干的“必要之恶”，这种观念在私下里似乎已经成了人们的常识。

心里不愿意工作，但为了要吃饭又不得不干，抱着这种心态，很多人都希望工作轻松而又能多赚钱。不想受企业的约束，只重视私人活动的时间，只想埋头于个人兴趣，这样的生活方式，在富裕的时代背景之下，深深渗透到了年轻人群体当中。

因此，今天许多人已经丧失了对“工作”的根本意义的正确认识，不愿好好地面对它。

对这样的人，我想问一句：难得来这世上走一回，你的人生真的有价值吗？

对，我不仅要问，而且无论如何，我要把自己对于“工作”的正确认识告诉给这些年轻人。

理解工作的意义，全身心投入工作，你就能拥有幸福的人生。

在这本书里，通过讲述我对“工作”的思考和体验，我将告诉大家，劳动可以给你的人生带来多么巨大的收获。

工作是“万病良药”

我认为工作是对万病都奏效的灵丹妙药，通过工作你可以克服各种困难和考验，让自己的人生时来运转。

我们的人生是由种种苦难构成的。

苦难既不是我们希望的，也不是我们招惹来的，但意想不到的苦难却接踵而来。苦难和不幸袭击我们、折磨我们，让我们为自己的命运而怨恨，甚至灰心丧气，稍一气馁便被苦难击垮。

然而“工作”却隐藏着一种伟大的力量，它能够帮助你战胜命运中的苦难，给人生带来光明和希望。回顾我自己的人生，这个真理显而易见。我年轻时经历过种种挫折：先是初中升学考试失败，接着患上肺结核，徘徊于死亡边缘。后来拖着孱弱的身体第二次考初中又落榜，同时因为战乱家屋被烧成废墟。

在我15岁以前幼小的心灵中，接连的厄运让我几度丧失对生活的希望，然而考验还在继续。

考大学及后来找工作的经历仍不断地让我失望伤心。第一志愿的大学医学部没能考上，只进了一所地方大学的工学部。于是，我只有从懊恼中振奋精神，拼命用功读书。学校给了我很高的评价，这给了我极大的鼓励，然而毕业后去大企业求职应试却又屡遭挫折。

最后由老师介绍，总算进了京都一家制造电瓷瓶（装在铁塔或电线杆上支撑电线的绝缘陶瓷器具）的小公司。这是一家濒临破产的亏损企业，上班后第一个月的工资就没有如期发放，公司给我们的答复是“请再等等”。

这一年我23岁，我哀叹自己的命运，心中苦恼：“为什么不幸和苦难一次又一次降临到我的身上，我今后的人生将会是怎样的呢？”然而，仅仅因为一件事情，被残酷命运捉弄的我的人生，居然发生了彻底的、戏剧性的变化，从此我开始走出了人生新的一步。

这件事情就是我改变了自己的想法，开始拼命投入工作。

不可思议的事情发生了，我人生的齿轮过去一直在苦难和挫折的方向上运转，现在开始朝着幸运的方向转动了。此后，我的人生进入崭新的状态，充满希望，不断成功。

读者当中也许有很多人每天都在工作，却不理解工作的真正意义，因而天天烦恼、痛苦、叹息。我希望他们务必懂得："劳动"是"医治百病的良药"；工作能够克服人生的磨难，让你的命运获得转机！

目录

第1章

磨炼灵魂，提升心志：为什么要工作

理解工作的意义，全身心投入工作，你就能拥有幸福的人生。

日复一日勤奋地工作，可以起到锻炼我们的心志、提升人性的了不起的作用。

对今天做过的事，老老实实地进行反省，发誓从明天起认真改进。

一心一意投身于工作，聚精会神，孜孜不倦，精益求精，这本身就是磨炼人格的修行，这样做就能磨炼我们的心志，促进我们成长。而通过这种心志的提升，我们每个人的人生价值也能随之提升。

我的人生中曾遭遇过无数的困难和挫折，但恰如奥赛罗棋盘上的黑棋一下子返归白棋一样，困难和挫折后来都变为成功的基础。现在回顾起来，我感觉到，当初认为痛苦的事情后来全都给我带来了好结果。

我们为什么而工作

为什么而工作？工作是为了获得生活的食粮。很多人是这么想的。他们认为，为了吃饭获取报酬，就是劳动的价值，就是工作首要的意义。

诚然，为了获得生活的食粮，是工作的重要理由之一，这没有错。然而，我们拼命工作，难道仅仅只为了吃饭这一个目的吗？

人工作的目的是为了提升自己的心志——这是我的观点。

提升心志是一件非常困难的事情，有的僧人经历长期严格的修行，也未必能够做到。但是，在工作中却隐藏着可以达到这个目的的巨大力量。

工作的意义正在于此。

日复一日勤奋地工作，可以起到锻炼我们的心志、提升人性等了不起的作用。

我曾在一个电视访谈节目中听过一位修建神社的木匠师傅的话，很受感动。他说：

树木里宿着生命。工作时必须倾听这生命发出的呼声——在使用千年树龄的木料时，我们工作的精湛必须经得起千年日月的考验。

这种动人心魄的语言，只有终身努力、埋头工作的人才说得出来。

木匠工作的意义在哪里？它的意义不仅在于使用工具修筑漂亮的房屋，不仅在于提高木工技能，更在于磨炼人的心志，塑造人的灵魂——我在这位师傅的肺腑之言中听出了这样的意蕴。

他已 70 多岁，只有小学毕业，职业生涯一直就是修建神社。几十年间只从事这一项工作，又苦又累，不胜其烦，有时也想辞职不干，但他还是承受住了这种种劳苦，勤奋工作，潜心钻研。在这样的过程中孕育了他厚重的人格，所以才能说出如此语重心长的人生感悟。

像这位木工师傅一样，将自己的一生奉献给一门职业，埋头苦干，孜孜不倦，这样的人最有魅力，也最能打动我的心。

只有通过长时间不懈地工作，磨砺了心志，才会具备厚重的人格，在生活中沉稳而不摇摆。每次与这样的人接触，就能引起我的重新思索，思索工作这一行为的神圣性。

同时我衷心希望，生活在现代的年轻人，你们承担着对未来的责任，在工作中切不可好逸恶劳，不要逃避困难。希望你们秉持一颗纯朴的心，全身心地投入到工作中去。

有时你们或许会感到疑惑："工作到底是为了什么？"每当此时，希望你们记住下面这句话：

工作能够锻炼人性、磨砺心志，工作是人生最尊贵、最重要、最有价值的行为。

工作造就人格

想好好活，就得好好干，这一点很重要。

工作就是提升心志、磨炼人格的“修行”。这样说并不过分。

大约在十年前，我和一位德国领事对谈时，听到这样的话：

劳动的意义不仅在于追求业绩，更在于完善人的内心。

工作最重要的目的在于通过工作来磨炼自己的心志，提升自己的人格。就是说，全身心投入当前自己该做的事情中去，聚精会神，精益求精。这样做就是在耕耘自己的心田，可以造就自己深沉厚重的人格。

“工作造就人格”，就是要通过每一天认真踏实的工作，逐步铸成自己独立的、优秀的人格。这样的事例，从古至今，从东方到西方，不胜枚举。只要翻开伟人们的传记，随处可见。

凡是功成名遂的人毫无例外地，都是不懈努力，历尽艰辛，埋头于自己的事业，才取得了巨大成功。通过艰苦卓绝的努力，在成就伟大功绩的同时，他们也造就了自己完美的人格。

有这样一则小故事值得玩味：

在南太平洋新不列颠岛上，有一个未开化部落的村庄，那里的人们都认同“劳动是美德”这一观点。在他们的生活中渗透着一种纯朴的劳动观：“认真劳动能塑造美丽心灵”“美好的工作产生于美好的心灵”。

在这个村落里，主要的劳动内容是烧荒式的农业，作物是甘薯。

在那里，根本不存在“工作是苦役”这样的观念。村民们通过工作追求的目标是：“工作得到的美的成果”和“人格的陶冶”，就是要把工作做得完美，并由此磨炼自己的人格。

村民们互相评论各自田地的整修情况、作物的长势以及泥土的气味，气味好闻的被夸为“丰登”，气味难闻的则被贬为“不毛”。

经过这样一番评价，田地耕作得精细的人就会被称为“人格高尚的人”，会受到全村人的尊敬。

也就是说，这个村子里的村民是通过劳动的成果——田地是否整齐，作物是否丰收，来判断一个人的人格的。田头工作出色、工作成果显著的人，就被认为是优秀的人，是人格高尚的人。

对他们来说，劳动是获取生活食粮的手段，同时也是磨炼心志、修炼人格的手段。“出色的工作唯有出色的人才能完成”，这种简朴却切中肯綮的劳动观在原始社会中普遍存在。

而在给人类带来近代文明的西方社会里，从基督教思想起源，“劳动乃是苦役”这个观点相当普及。这一点在《圣经》一开头的亚当和夏娃的故事中就表达得十分清楚。

亚当和夏娃因为偷吃了上帝禁食的果实，被赶出伊甸乐园。原来在乐园里他们不需要劳动，但遭放逐后，为了得到食物，他们不得不怀着痛苦的心情开始劳作。

在这个众所周知的故事里，人们是为了抵赎自己的

“原罪”，才不得不接受“劳动”这种惩罚。于是劳动在人们的意识里成了一种负面的、否定的形象。

也就是说，对于欧美人而言，劳动本是一种充满痛苦、让人厌恶的行为，因而产生了近代的劳动观：工作时间应该尽量缩短，工作报酬应该尽量增加。

然而在日本原本不存在这样的劳动观。不仅如此，过去的日本人，不管从事何种职业，总是从早到晚辛勤地劳动。他们认为劳动虽然艰辛，却能带来喜悦感、自豪感，并能让人明白生活的意义，劳动是高贵的行为。

有许多优秀的工匠，只要专心磨炼技能，制造出赏心悦目的产品，他们就会感到有一种说不出的自豪和充实。因为他们认为劳动是既能磨炼技能，又能磨炼心志的修行，他们把劳动看作自我实现、完善人格的“精进”的道场。可以说，多数日本人都曾经抱有这种有深度的、正确的劳动观和人生观。

然而，近年来，随着社会逐步西方化，日本人的劳动观发生了巨大的变化。这就是本章开头所提到的，劳动是为了获得生活的食粮，劳动是“必要之恶”。因而许多日本人把劳动看作一项单纯的苦差事，甚至厌恶劳动，厌恶工作。

“极度”认真地工作能扭转人生

话虽这么说，但我原本也不是一个热爱劳动的人，而且我曾经认为，在劳动中要遭受苦难的考验简直是不能接受的事。

孩童时代，父母常用鹿儿岛方言教导我：“年轻时的苦难，出钱也该买。”

我总是反驳说：“苦难？能卖了最好。”那时的我还是一个出言不逊的孩子。

通过艰苦的劳动可以磨炼自己的人格，可以修身养性，这样的道德说教，同现在大多数年轻人一样，我也曾不屑一顾。

但是，大学毕业的我，在京都一家濒临破产的企业——松风工业就职以后，年轻人的这种浅薄的想法就被现实彻底地粉碎了。

松风工业是一家制造绝缘瓷瓶的企业，原是在日本行业内颇具代表性的优秀企业之一。但在我入社时早已面目全非，迟发工资是家常便饭，公司已经走到了濒临倒闭的边缘。

业主家族内讧不断，劳资争议不绝。我去附近商店购物时，店主用同情的口吻对我说："你怎么到这儿来了，待在那样的破企业，老婆也找不到啊！"

因此，我们同期入社的人，一进公司就觉得"这样的公司令人生厌，我们应该有更好的去处"。大家聚到一块儿时就牢骚不断。

当时正处于经济萧条时期，我也是靠恩师介绍才好不容易进了这家公司，本应心怀感激，情理上就更不该说公司的坏话了。然而，当时的我年少气盛，早把介绍人的恩义抛在一边，尽管自己对公司还没做出任何贡献，但牢骚怪话却比别人还多。

入社还不到一年，同期加入公司的大学生就相继辞职了，最后留在这家破公司的除了我之外，只剩一位九州天草出身的京都大学毕业的高才生。我俩商量后，决定报考自卫队干部候补生学校。结果我俩都考上了。

但入学需要户口簿的复印件，我写信给在鹿儿岛老家的哥哥，请他寄来，等了好久毫无音讯。结果是那位同事一个人进了干部候补生学校。

后来我才知道，老家不肯寄户口簿复印件给我，是因为我哥哥当时很恼火："家里节衣缩食把你送进大学，多亏老师介绍才进了京都的公司，结果你不到半年就忍不住要辞职。真是一个忘恩负义的家伙。"他气愤之余拒不寄送复印件。

最后，只剩我一个人留在了这家破败的公司。

只剩我一个人了，我非常苦恼。

我那时候想，辞职转行到新的岗位也未必一定成功。有的人辞职后或许人生变得更顺畅了，但也有的人人生却变得更加悲惨了。有的人留在公司，努力奋斗，取得了成功，人生很美好；也有的人虽然留任了，而且也努力工作，但人生还是很不如意。所以情况因人而异吧。

究竟离开公司正确，还是留在公司正确呢？烦恼过后我下了一个决断。

正是这个决断迎来了我“人生的转机”。

只剩我一个人孤零零地留在这个衰败的企业了，被逼到这一步，我反而清醒了。“要辞职离开公司，总得有一个义正词严的理由吧，只是因为感觉不满就辞职，那么今后的人生也未必就会一帆风顺吧。”当时，我还找不到一个必须辞职的充分理由，所以我决定：先埋头工作。

不再发牢骚，不再说怪话，我把心思都集中到自己当前的本职工作中来，聚精会神，全力以赴。这时候我才开始发自内心并用格斗的气魄，以积极的态度认真面对自己的工作。

从此以后，我工作的认真程度，真的可以用“极度”二字来形容。

在这家公司里，我的任务是研究最尖端的新型陶瓷材料。我把锅碗瓢盆都搬进了实验室，睡在那里，昼夜不分，连一日三餐也顾不上吃，全身心地投入研究工作。

这种“极度认真”的工作状态，在旁人看来，真有一种悲壮的色彩。

当然，因为是尖端的研究，像拉马车的马匹一样，光用死劲是不够的。我订购了刊载有关新型陶瓷最新论文的美国专业杂志，一边翻辞典一边阅读，还到图书馆借阅专业书籍。我往往都是在下班后的夜间或休息日抓紧时间，如饥似渴地学习、钻研。

在这样拼命努力的过程中，不可思议的事情发生了！

大学时我的专业是有机化学，我只在毕业前为了求职，突击学了一点无机化学。可是当时，在我还是一个不到25岁的毛头小伙子的时候，我居然一次又一次取得了出色的科研成果，成为无机化学领域崭露头角的新星。这全都得益于我专心投入工作这个重要的决定。

与此同时，进公司后要辞职的念头以及“自己的人生将会怎样”之类的迷惑和烦恼，都奇迹般地消失了。不仅如此，我甚至产生了“工作太有意思了，太有趣了，简直不知如何形容才好”这样的感觉。这时候，辛苦不再被当作辛苦，我更加努力地工作，周围的人对我的评价也越来越高。

在这之前，我的人生可以说是连续的苦难和挫折。而从此以后，不知不觉中，我的人生步入了良性循环。

不久，我人生的第一次“大成功”就降临了。

那些智慧迸发的瞬间

加入该公司后过了大约一年，我接受了一项新任务，研究开发一种叫作“镁橄榄石”的新材料。“镁橄榄石”是一种新型陶瓷，绝缘性能好，特别适合于高频电流，据说用作电视机显像管的绝缘材料最为理想。与当时另一种主要材料“滑石瓷”相比，“镁橄榄石”的优势非常明显，应用已呈爆发式的增长。

但这种材料在合成成型方面没有成功的先例。无论对我个人而言，还是对公司而言，“镁橄榄石”的研究开发是迫在眉睫又极具挑战性的。企业里没有什么像样的实验设备，我夜以继日，反复实验，结果总是不理想。我昼夜不分，苦思冥想，不停地实验，几乎把自己逼入了“痴狂”的状态，最后总算合成成功了。

后来我才得知，成功合成“镁橄榄石”的除了我所在的公司（也就是我）之外，只有美国的通用电气（GE）一家。所以，我开发的“镁橄榄石”引起了广泛的关注。

用高频绝缘性能特别优良的“镁橄榄石”作为材料，最早开发成产品的是“U字形绝缘体”。这是来自松下电子工业的订单，它是松下电器产业集团中负责显像管生产制造的一个部门。当时正逢日本家庭显像管式电视机开始普及，“U字形绝缘体”作为电子枪中的绝缘零件，使用我开发的“镁橄榄石”再理想不过了。

“U字形绝缘体”开发中最棘手的问题是原材料“镁橄榄石”粉末如何成型。这种粉末非常松脆，无法成型，像做面条一样，需要有黏性的材料。过去都是添加黏土，但黏土总是含有杂质。怎样才能解决这个“黏性”的问题？我每天思考、实验，绞尽脑汁，百思不得其解。有一天，令人难以置信的事情发生了。

那天，我一边想着这个难解的“黏性”问题，一边走进实验室。突然，我被某个容器绊了一下，差点跌倒，下意识一看脚下，鞋上沾上了实验用的松香树脂。

“谁把松香搁在这个地方！”正当我叫喊道，而就在那一瞬间，“就是它！”一个念头在我脑海里闪过。

我立即架起一个简单的锅，将陶瓷原料和松香放入锅中，一边加热一边混合，然后放进模子里成型。成型成功了，将它放进高温炉里烧结时，作为黏结剂的松香都被烧尽挥发，做出的成品“U 字形绝缘体”中就不留任何杂质了。

那么令人头痛的难题居然一下子就解决了。

今天回头来看，那一瞬间只能称为“神的启示”。

当然，实际上想出这个解决方法的是我自己，然而，看到我那样拼命地工作，那样苦苦思索，神都看不过去了，神可怜我，赋予了我智慧。我想事情只能这样来解释。

因为类似的经验积累了许多次，所以后来遇到难题时，我就会对员工们说：“要让神愿意伸手援助，你就必须刻苦钻研，全身心投入工作。这样的话，不管面临多么困难的局面，神一定会帮你，事情一定能成功。”

此后，我开发的“U字形绝缘体”成为制造电视机显像管必不可少的部件，我们公司接到了松下电子工业的大量订单。就是这个产品让摇摇欲坠的公司有了起死回生的希望，全公司的期望集中到我一个人身上。

可以说，这时的技术和业绩奠定了日后京瓷公司发展的基础。而且这个“最初的成功体验”让我悟到一个重要的道理：

即使在苦难当中，只要拼命工作，就能带来不可思议的好运。

“那家伙真可怜。”那时周围的人都这么说。我想人有一个时期处在这种不幸的境遇里也未必是坏事。

冬天越寒冷，樱花就开得越烂漫。人也是一样，不体验痛苦和烦恼，就很难有大的发展，就不会抓住真正的幸福。

我的人生中曾遭遇过无数的困难和挫折，但恰如奥赛罗（又叫黑白棋）棋盘上的黑棋一下子返归白棋一样，困难和挫折后来都变为成功的基础。现在回顾起来，我感觉到，当初认为痛苦的事情后来全都给我带来了好结果。

这么想来，**人生中的困难和挫折，正是我人生的起点，或许也正是我最大的“幸运”**。

比如，我不幸进入了连年亏损的松风工业公司，同期来的大学生中只剩下我孤零零一个人的时候，“稻盛君真可怜，大学里很用功，成绩这么好，却只能待在那样的破公司里，运气太差，他的人生今后不知会怎样呢。”朋友们这么评价我，不知是同情还是嘲笑。

看到同事们一个个凭各自的本领开拓进取，自己却无处可去，只能一个人龟缩在这倒霉的公司里，一种绝望感让我几乎精神崩溃。

但是，现在想来，正是这种不幸或考验教我懂得，只有拼命工作才能给人生带来好运。从这个意义上说，苦难和挫折是神赐予我的最好礼物。在逆境中坚持认真工作，拼命努力，我现在所有的成功都是建立在这个基础之上的。

如果不经历苦难和挫折，考进了名校，就职于大企业，我的人生就完全不同了。

不管是顺境也好，逆境也罢，不管自己处在何种境遇，都要抱着积极的心态朝前看，任何时候都要拼命工作，持续努力，这才是最重要的。

乍看的不幸，实际上是幸事

拼命工作会给人生带来意想不到的、美好的未来，即使这个道理你理解了，懂得了，但因为人本性中就有好逸恶劳的倾向，所以“工作令人生厌”“能不工作最好”这种念头时不时还会冒出来。

本来人这种动物，如果放任不管，就会流于安逸，只要可能就总想逃避苦难。这种基于人的本性、追求安乐的习性，我想不管是我们这些成长于战争年代的人，还是现代和平富裕时代的年轻人，基本上并没有什么区别。

过去和现在很大的不同是，在迫不得已的我们那个时代，即使你讨厌工作，现实环境也逼得你不得不努力工作。

我青年时期的日本，社会环境比今天不知严酷多少倍。无论你喜欢不喜欢，如果你不辛勤劳动，就连饭也吃不上。

另外，当时也很难像现在这样，选择自己喜欢的工作，寻找适合自己特点的职场。那时我们没有选择职业的机会，只能无条件地继承父母的工作，或者是一有就职的机会，就不管什么工作，先做了再说。这些情形在当时是理所当然的，而且一旦进入了某家公司，想要辞职也不那么容易，因为社会舆论不支持你这么做。也就是说，工作，在一家单位连续地工作，与你本人的意愿无关，而是社会的需要，或者说是你的义务。在这中间几乎没有你个人裁量和挑选的余地。

这样的事情在今天看来，似乎很不幸，但实际上这或许正是幸事也未可知。因为，在迫不得已的、辛勤的工作过程中，人们在不知不觉中就能获得人生的“万病良药”。

就是说，即使你讨厌工作，但又不得不努力工作，那么在努力工作的过程中，你脆弱的心灵就会得到锤炼，你的人格就能得到提升，你就能抓住幸福人生的契机。

努力工作的彼岸是美好人生

在现在这个和平富裕的年代，强迫劳动已经消失了。在这样的时代，不好好工作、懒懒散散过日子，会给人生带来什么呢？我们应该认真思考。

假设你中了彩票，得到了一大笔钱，足够你玩乐一辈子。但你必定会感觉到，这样的幸运并不能带给你真正的幸福。

没有目标，不做工作，每天吃喝玩乐，如果长期持续这种无聊的生活，你不但不会成长，而且会丧失自己人性中那些美好的东西。长此以往，你与家庭、朋友的关系就会恶化，你将找不到人生和工作的意义。

获得心中快乐的前提是劳动。每天认真工作，努力获得回报，才能让你感受到人生的快乐和时间的可贵。

拼命工作的背后隐藏着快乐和欢喜，正像漫漫长夜结束后，曙光就会到来一样。欢乐和幸福总会从辛苦的彼岸露出它优美的身姿，这就是劳动人生的美好。

在距今 40 年前（1971 年），京瓷公司首次在股票市场上市。之前的辛苦努力获得了社会的认可，同时自己赤手空拳创建的公司进入了一流企业的行列，我沉浸在无限的感慨之中。

于是就有人劝我从此好好玩乐，过轻松愉快的生活，他们说："反正资产也有了，从现在开始不妨放松休假，通过兴趣和余暇寻找快乐，你看怎么样？"

的确，最近有些风险企业的经营者们依靠自己的才能发展了事业，股票很快上市。他们将自己的原始股票在市场上出售，获得了巨额财富，尽管只有三四十岁，就已开始考虑退休了。

京瓷上市时，我所持有的原始股还一股未抛，而发行新股所获的利润全部归公司所有。当时我还不到40岁，但我思考的是趁上市的机会“从今以后得更加努力地工作”。

上市后，我不仅要继续为员工及其家属谋福利，还要为普通投资者的幸福做更多事，不仅不能休闲放松，我负的责任还将更大、更重。

我认为，上市并不是终点，只是新的起点，企业从此以后必须更好地发展。所以在上市时，“回归创业的初衷，哪怕汗流浃背，哪怕沾满尘土，让我们同心协力加油干！”我一边鼓励员工，一边在自己心中重新下定了决心。当初的这些情景至今仍记忆犹新。

坚持“愚直地、认真地、诚实地”工作

人很容易骄傲自大，因为人是一种充满烦恼的动

物。人若想要提升心志，重要的是要抑制自己的邪恶之心。

人的烦恼据说有 108 种之多。

其中“欲望”“恼怒”“愚痴”这三者都是卑怯之心，是让人陷于烦恼的最厉害的东西。它们纠缠于人的内心，要驱赶也驱赶不走。释迦牟尼把这三者称为“三毒”，它们是将人的行动导向错误道路的万恶之源。

“想获取比别人更多的金钱”“想得到比别人更高的评价”——无论谁的心里都潜伏着这样的欲望。当这种欲望得不到满足时，人们就会“恼怒”。“为什么这么不如意?”人们接着就会发泄“愚痴”和不满。人是不幸的动物，生活中总是被这“三毒”支配。

然而，人生在世又少不了这“三毒”，它们如果根本不存在，人就无法生存。因为人有血肉之躯，为了生存，这“三毒”又是必要之心，是自然赋予人的本能。比如，为了维持自己的生存，人要满足自己的食欲，对攻击自己的敌人要表达愤怒，要在达不到自己希望的状态时发泄不满，这些都无法戒除。

但这“三毒”却切不可过度。

“三毒”不能完全排除，但却必须做出努力让毒素稀释。而要达到这个目的，可以说独一无二的方法，就是拼命地“工作”。

“愚直地、认真地、专业地、诚实地”投身于自己的工作，长此以往，人就能很自然地抑制自身的欲望。此外，热衷于工作，还能镇住愤怒之心，也会无暇发牢骚，而且日复一日努力工作，还能一点一点提升自己的人格。

从这个意义上说，“努力工作”就类似于修行。而实际上，释迦牟尼提倡的进入悟境的六项修行——“六波罗蜜”，其中之一所谓的“精进”就是拼命地工作。

一心一意投身于工作，聚精会神，孜孜不倦，精益求精，这本身就是磨炼人格的修行，这样做就能磨炼我们的心志，促进我们成长。而通过这种心志的提升，我们每个人的人生价值也能随之提升。

要每天反省

在人生中，提升心志这件事，说起来容易，做起来难，要实践并不简单。

说来可悲，不管人怎样一心思善、行善，但不知不觉中仍会做出出格的举动。一般人往往做不到把思善、行善贯彻始终，除非真正的圣人君子。

在这一点上，我虽这么说了，但我同样也做不到。

为了自我诫勉，为了不让邪恶之心轻易地控制自己，不知何时起，我就采用了一种自诫的仪式。当骄傲自满、自以为是这一类邪恶的念头在心中冒头时，我就立即给自己一个反省的机会。我年轻时就开始做这种努力。

例如，稍稍表现出傲慢，或者吹了牛，或者自己没有尽到责任时，夜里回到家里以后，或者第二天清晨起床后，就会对着洗脸的镜子，严厉地斥责自己：

“混账！”

然后又反省说："神啊，对不起！"

我就这样自我诫勉，内心宣誓从明天起继续保持谦虚的态度，改正错误，重新开始。我从年轻时起就养成了这样反省的习惯。这种习惯起到了修正轨道的作用，使我至今的人生，没有脱轨，仍能勇往直前。

重要的是，要努力去思善、行善，而一旦动了不好的念头，做了不好的事情，就要虚心反省。通过反省，我们就能一步一步向上提升。

对今天做过的事，老老实实地进行反省，发誓从明天起认真改进。这样度过反省的每一天，我们不但能避免工作上的失败，而且有利于在人生中提升心志。

体悟

磨炼灵魂，就会产生利他之心。

全神贯注于自己的工作，只要做到这一点，就可以磨炼自己的灵魂，铸就美好的心灵。有了美好的心灵，就会很自然地去想好事，做好事，为社会、为他人着想，并落实在行动中，你的命运就一定会向好的方向转变。

第2章

働き方

让自己喜欢上所从事的工作：如何投入工作

应该迷恋工作、热爱工作、拥抱工作。

无论如何，必须得喜欢上自己的工作。

对自己的工作、对自己的产品，如果不注入如此深沉的关爱之情，事情就很难做得出色。

想要成就某项事业，就必须成为能够自我燃烧的人。

要成为“自燃型”的人，在热爱自己工作的同时，必须持有明确的目标。

为了顺利推进公司或团队的工作，无论做什么事情，都需要有一个精力充沛的、起核心作用的人物。

改变“心态”

我原本也像随处可见的小青年一样，兴趣多变，不善于将心思集中在一件事情上。

那么，像我这样的年轻人，为什么在 50 年这么漫长的时间里能够一心一意专注于工作?

那是因为我付出了努力，我让自己喜欢上了自己的工作。

只要改变“心态”，每个人周围的世界就会发生戏剧性的变化。

前面已经提及，对于新型陶瓷的研究工作，一开始我并没有什么兴趣。在大学时我专攻的是当时最热门的有机化学，但我想去的公司不肯录用我，所以我不得已才就职于松风工业。这是一家生产绝缘瓷瓶，属于无机化学领域的企业，而研究新型陶瓷也是被分配的，不得不做的工作。

刚进公司时，我所属的研究室一共只有五六个人，除我之外，其他研究人员都是从事绝缘瓷瓶材料的改良工作的，在当时，那才是企业的核心产品。只有我一个人被指定去研究陶瓷的新材料（后来我将它命名为新型陶瓷），理由则是“将来在电子领域一定会需要高频绝缘材料”。

这个领域在当时还是一个未知的世界，缺乏可靠的研究资料。另外，公司很穷，没有什么像样的实验设备，也没有上司或前辈可以指导我的工作。在这样的环境里，要做到“热爱自己的工作”实在不易。

但是辞职转行又没成功，我只好留在这里。于是，我决定改变自己的“心态”。

“埋头到工作中去！”我努力说服自己。

即使做不到很快就热爱工作，但至少“厌恶工作”

这种负面情绪必须从心中排除。我决定倾注全力先把眼前的工作做好再说。

现在看来，这就是为了“喜欢工作”而做的努力吧，但是当时的我，对这一点也并没有清楚的认识。

因为几乎不具备与新型陶瓷相关的基础知识，所以一开始我先去大学图书馆寻找有关的文献资料。那时还没有复印机，我翻阅了过往的行业期刊和学术纪要，发现重要的内容就立即抄写在笔记本上。那时，虽然囊中羞涩，但我还是坚持购买研究所需的书籍。我还向美国陶瓷协会索要论文，总是辞典不离手，边看边译。总之，一切都是从获取最基础的知识着手的。

然后，我依据从这类资料中获得的信息开始做实验，根据实验结果，再去寻求新的理论解释，然后再做实验——不断反复这种细致而踏实的过程，就是我当时的工作。

在这个过程中，不知从何时起，我深深地为新型陶瓷的魅力所吸引，而且渐渐明白，新型陶瓷中或许隐藏着一个不可思议的，美好的前景。

“这样的研究，恐怕大学里也不会有吧，或许全世界也只有我一个人在钻研。”这么一想，枯燥的研究也显得熠熠生辉起来。

开始时，有一半是强迫自己，但不久就变得积极主动起来了，而且喜欢上了这项研究。再后来，就大大超越了“喜欢不喜欢这样”的层次，感觉到了这项工作所包含的重大意义。

“天职”不是偶然碰上的，而是由自己亲自制造出来的。

“迷恋”工作

热恋中的情人，在旁人看来目瞪口呆的事情，他们却处之泰然。这一点有过恋爱经验的人都能理解。我年轻时虽说一心扑在工作上，但也不曾忽略过这样的感情。

在创建京瓷以前，在繁忙的工作之余，星期日，有时我会邀请关系亲密的女孩去看电影，看完后送她回家。本来电车可以直达，但有几次我故意提议从前一站就下车，边走边聊，慢腾腾地走了很长的路才将她送回家。

其实每天工作到很晚，身体应该很疲倦了，然而，走这么长的路我却丝毫不累，而且还非常愉快，劲头十足。

“有情人相会，千里变一里”，这句话真实地表达了我当时的心情。

工作也一样，应该迷恋工作、热爱工作、拥抱工作。

在旁人看来，“那么辛劳、那么艰苦的工作，太可怕了！简直无法忍受，根本无法坚持。”但如果你迷恋这个工作、热爱这个工作，那你就能够承受，一切都不在话下。

正因为迷恋工作、热爱工作，所以我就能长期坚持艰苦的工作，一以贯之，无怨无悔。

人就是这样，对于自己喜欢的事情，再辛苦也无怨言，也能忍受。而只要忍受艰苦、不懈努力，任何事情就都能成功。喜欢自己的工作——仅仅这一条就能决定人的一生，我想这么说一点也不过分。

要想拥有一个充实的人生，你只有两种选择：一种是“从事自己喜欢的工作”，另一种则是“让自己喜欢上工作”。一个人能够碰上自己喜欢的工作的概率，恐怕不足千分之一、万分之一。而且，即使进了自己所期望的公司，要能分配到自己所期望的职位、从事自己所期望的工作，这样幸运的机会几乎没有。

大多数人初出茅庐，只能从“自己不喜欢的工作”开始。

但问题是，多数人对这种“不喜欢的工作”抱着勉强接受、不得不干的消极态度，因此对分配给自己的工作总是感到不满意，总是怪话连篇、牢骚满腹。这样下去，本来潜力无限、前程似锦的人生只会白白虚度。

无论如何，必须得喜欢上自己的工作。

要把“被分配的工作”当成自己的天职，抱有这种心境非常重要。如果你还不肯抛弃“工作是别人要我做的”这种不恰当的意识，就无法从工作的“苦难”中解脱出来。

与其寻找自己喜欢的工作，不如先喜欢上已有的工作，脚踏实地，从眼前开始。寻找自己喜欢的工作，往往就像寻找一座空中楼阁。与其追求幻想，还不如先爱上眼前的工作。

只要喜欢了，就能不辞辛劳，不把困难当困难，埋头工作。只要一心一意埋头工作，自然而然就能获得力量。有了力量，就一定能做出成果。有了成果，就能获得大家的好评。获得好评，就会更加喜欢工作。

这样，良性循环就开始了。

要想做出成绩，首要的就是运用自己坚强的意志去喜欢工作，除此之外别无他法。只要你这么做了，人生就将硕果累累。

感动给人注入新的动力

“热爱工作”“把工作当乐趣”，话虽这么说，但做起来就像僧人艰苦修行一样，并非易事。所以，若只是当苦行僧，一味强调吃苦耐劳而没有快乐，那也很难持之以恒。

因此，还必须要从工作中寻找快乐。

我的经验是，当研究工作进展顺利时，就要直率地表达出快乐。当研究成果受到别人的夸奖时，就要诚挚地表示感谢。继而将这种喜悦和感动当作精神食粮，然后继续投入艰苦的工作。

我想起一件发生在进公司后第二年的事，当时我正在全神贯注地测定实验数据。

那时，有一位京都名牌高中的毕业生，因家庭原因，不得已当了我的研究助手。他是一位头脑非常聪明的青年。我每天都让他帮助测定实验数据。“这种材料应该具有这样的物理性能吧。”我一边做预测，一边做实验，而由他来测定有关数据。

我生性就有单纯的一面。也许因为这个原因吧，每当实验测出的数据符合我原先的设想时，我就会高兴得“蹦、蹦”从地上跳起来。

这时，我的这位助手总是站在一旁用冷冷的目光注视着我。

有一天，同平时一样，一次实验完后我又开心得跳了起来，并对他说："喂！你也该高兴啊！"但不料，他说的一席话，犹如一盆冷水从我的头顶浇到脚底。

他用鄙夷的眼神看着我，说：

稻盛，说句失礼的话，值得男子汉兴奋得跳起来的事情，一生中也难有几回。但看你的样子，动不动就高兴得手舞足蹈，现在甚至叫我也要同你一起高兴，我是说你轻薄好呢，还是轻率好呢？总之，我的人生观与你不一样。

当时，我感到后背一阵冰凉。

确实，可以说他显得非常理性，但我却无论如何接受不了他的观点。只过了一瞬间，我就反驳说：

你说什么？因为小小的成功就能感到喜悦和感动，这样多好！要想坚持这种枯燥的研究，有了研究成果，就应该真挚地把高兴劲儿表达出来。这种喜悦和感动能给我们的工作注入新的动力，特别是现在研究经费不足、研究环境很差的条件下。要把研究做下去，我们就要为每一步小小的成功而庆祝，这样才能给我们增添新的勇气。所以不管你说我轻薄也好，轻率也好，今后我照样要为我的每一个小小成功而开心，并由此把工作不断向前推进。

参加工作才两年，就能讲出这么一番道理，我颇为自己感到骄傲。可惜我这些话却不为我的助手所理解。两年后，他悄然辞职，离开了公司。

如果当初他能理解我说的并把它当作动力，更加努力地工作，那结果将会怎样?

年轻的读者们，希望你们在工作中为自己的小小成功感到欣喜。要抱有一颗善被感动的心，要诚挚地对待生活。请把感动带来的能量当作动力，更加努力地工作！这就是在漫长的人生征途中顽强生活的最好方法，也是我不渝的信念。

“抱着产品睡”

“紧抱自己的产品”——每当新产品开发的时候，我总是这么想。

对自己的工作、对自己的产品，如果不注入如此深沉的关爱之情，事情就很难做得出色。

“工作是工作，自己是自己”，把“工作”与“自己”分开，让两者保持距离，这是最近年轻人中流行的观点。然而，要做好工作，就应该消除“工作”和“自己”之间的距离，要悟到“自己就是工作，工作就是自己”的程度。这两者密不可分，这个经验相当重要。

也就是说，连同身心一起，要全部投入工作、热衷于工作，达到与工作“共生死”的程度。如果对工作缺乏如此深沉的挚爱之情，就无法抓住工作的要领。

京瓷公司在创建后不久，曾制作过用于冷却广播机器真空管的“水冷复式水管”。因为过去生产这种水管的企业的技术人员走了，所以订单就发到了京瓷。

但是，京瓷以前只做小型陶瓷产品，这种水管尺寸太大（直径25厘米，长50厘米），用的是老式陶瓷原料，属于陶器，而且要在大管中通小冷却管，结构非常复杂。

京瓷不具备制造这类产品的设备，也没掌握相关的技术。尽管如此，由于客户盛情难却，我无意中就说出了“行，能做”，把任务应承了下来。既然接了任务，就绝不能失信，无论如何必须把产品做出来。

为了做好这一产品，我们付出了常人难以想象的辛劳。比如，原料虽然使用与一般陶器相同的黏土，但因为尺寸很大，要让产品整体均匀干燥极为困难。开始时，在成型、干燥的过程中，几乎每次都出现干燥不均，因而先行干燥的部分发生裂痕的现象。

可能是因为干燥时间过长吧，于是我尝试在缩短时间上下功夫，但结果仍不理想。我用了各种方法反复试验，最后想出一招，就是在尚未完全干燥、还处于柔软状态的产品表面卷上布条，再向布条上吹雾气，让产品慢慢地、一点一点地干燥。

但是还有新的问题随之产生。如果产品太大，干燥时间过长的话，产品会因为自身的重量发生变形。为防止变形，我又动了各种各样的脑筋。

最后，我决定抱着水管睡觉。

我在炉窑附近温度适当的地方躺下，把水管小心翼翼地抱在胸前，整个通宵我都慢慢转动着水管，用这种方法干燥，同时防止水管变形。

在旁人看来，这简直是不可思议的。

但当时我想的是“无论如何也要把这个产品培育成‘人’”，我把它当作自己的孩子，倾注全部的爱。正因为如此，我能够通宵达旦地紧抱水管。

这种让旁人看来心酸流泪的“认真”，让我顺利地完成了“水冷复式水管”的制造任务。

抱着产品睡，这的确有点不卫生，而且效率不高。在今天这个时代，这种带着泥土气的、低效的做法甚至令人生厌。

但不管时代怎么进步，干活时手上沾泥带油这种方式，虽已不再流行，但若缺乏“抱着自己的产品一起睡”

那样的爱情，在工作中，就无法从心底品尝到那种成功的欣慰，特别是向新的、艰难的课题发起挑战并战胜它们时。

倾听“产品的哭泣声”

如果你能喜欢上你的工作，喜欢上自己制造的产品，那么当某个问题发生的时候，就一定能找到解决问题的方法。

比如，制造业中，许多时候，产品制成率（合格品相对于投入的全部材料的比率）很难提高。这时候，首先要迈开双腿走进现场，然后，要带着爱意，用谦虚的目光，对产品进行仔细的审视和观察。

如果你真的仔细倾听，你就能听到好似神之声音的“产品的哭泣声”。

就是说，产品的问题或机器的故障就会自觉地呈现在你面前。你会听到从产品或机器里发出的窃窃私语："这样做，你看怎样？"它们会帮你找到解决问题的线索。

这就仿佛医生为了了解患者的病情，要用听诊器倾听患者的心跳一样。高明的医生只要听到心跳声和心搏数有异，立即就能感知患者身体的异常。

与此相同，**倾听产品的声音，用心观察产品的细节，就能自然而然地明白问题和差错的原因所在。**

京瓷的产品大多是电子领域使用的小型零部件，要寻找产品的问题很不容易。

那时候，就像医生总带着听诊器进诊疗室一样，我去生产现场时总是带着放大镜。我的放大镜由多枚透镜组成，用一枚镜片可以放大 5 倍，用两枚就可以放大 10 倍。我经常用这种放大镜对烧制成的产品逐个进行细致认真的检查。只要有一个小小的缺陷，就是不合格的产品。手拿放大镜仔细观察产品，等同于用耳朵静听产品的"哭泣声"。

如果找到了不合格的产品，就是听到了产品的"哭泣声”，我就会想，“这孩子什么地方疼痛才哭泣？它哪里受伤了？”

当你把一个个产品完全当作自己的孩子，满怀爱意，细心观察时，必然就会获得如何解决问题、如何提高制成率的启示。

让我来讲这样一个故事。

制造新型陶瓷产品的过程是，首先要将原料粉末固定成型，然后放进高温炉内烧结。

一般陶瓷的烧制温度在1200度左右，而新型陶瓷要在1600度的高温中烧结。当温度达到1600度时，火焰的颜色不是红色的，在观察它的一瞬间，它会呈现一种刺眼的白光。

将成型的产品放进这样的高温炉中烧结时，产品会一点一点地收缩。收缩率高的，尺寸会缩小两成。而这种收缩在各个方向上并不均衡，若误差稍有不等即成为不合格产品。

另外，板状新型陶瓷制品烧结时，最初不是这边翘起来，就是那边弯下去，烧出来的产品就像“鱿鱼干”

一样。对于新型陶瓷为什么会弯曲的问题，已有的研究文献上都没有记载。我们只有自己做出各种假设，然后反复实验。

在这个过程中，我们弄清了一点，那就是原料放进模具加压后，因为上面和下面施压的方式不同，原料粉末的密度也不同。反复实验的结果发现，密度低的下部收缩率大，因而发生翘曲。然而，虽然弄清了翘曲产生的机理，但要做到上下密度均匀却仍然很难。

这时，为了观察产品究竟是怎样翘曲的，我们就在炉子后面开了一个小孔，通过这个小孔观察炉内的状况，观察在什么温度下产品会弯曲、如何弯曲、它还有什么别的变化等。

果然，随着温度升高，产品就翘曲起来了。我们改变条件，多次试验，但无论怎样改善，产品还是像一个会动的生物一样，蜷曲起来。

看着看着，我都快沉不住气了，突然产生一种冲动，就想将手通过观察孔伸进去，从上面将产品压住。

这当然不可能。炉内是 1000 多度的高温，如果手伸进去，一瞬间就会烧毁，我当然明白这一点，但无论如何也要解决问题的强烈愿望，让我禁不住就想将手伸进高温炉。

然而，就在想把手伸进炉内将产品压住的瞬间，突然灵感来了："在高温烧结时，只要从上面将产品压住，它不就翘不起来了吗？"

于是，我们就用耐火的重物压在产品上烧制。结果，问题终于圆满解决，平直的产品做出来了。

这个例子说明，向工作倾注的爱情，就是最好的老师。

当工作遭遇困境、迷失方向时，它能让你倾听到产品发出的"窃窃私语"，帮你找到解决问题的线索，使你的事业开始新的起飞。

成为"自燃型"的人

物质有"可燃型""不燃型"和"自燃型"三种。

同样，人也可以分为三种：第一种是点火就着的“可燃型”的人；第二种是点火也烧不起来的“不燃型”的人；第三种是自己就能熊熊燃烧的“自燃型”的人。

想要成就某项事业，就必须成为能够自我燃烧的人。

要成为“自燃型”的人，在热爱自己工作的同时，必须持有明确的目标。

像我这样的经营者整天考虑的就是，公司“应该做这个”“应该那么干才更好”这样的问题。刚参加工作的年轻人也会在自己心中描绘自己将来的梦想，思考我想做怎样的人、我想干怎样的事等问题。

但是年轻人中偶尔也有这样的人，他们相信虚无主义，总是表情冷漠，怎么也热乎不起来。不管周围的人干得如何热火朝天，他们不仅不燃烧，还给别人泼冷水，他们是冷若冰霜的人。

遇上这样的人可不好办。

在企业里，在体育团队里，这种“不燃型”的人哪怕只有一位，整个集体的氛围就会变得沉闷压抑。所以我总是这么想：

这种不燃型的人大可不必留在公司。我希望同事们都是自燃型的人，不用“点火”，他们也会自动燃烧。至少，当燃烧的我接近时，他们是能同我一起燃烧的“可燃型”的人。

所谓“自燃型”的人，从来不是“等别人吩咐了才去干”“因为有了命令才工作”的人，而是“在别人吩咐之前自发去干”的主动积极的人，他们应该都是热爱工作的人。

要想将自己的能量最大限度地发挥出来，让工作顺利进行，就必须成为热爱工作的“自燃型”的人。

勇于在“旋涡中心”工作

为了顺利推进公司或团队的工作，无论做什么事情，都需要有一个精力充沛的、起核心作用的人物。

这样的人将成为全体人的中心，宛如一股上升的气

流自平地而涌起，将全体人员卷入，带动整个组织一起行动。像这样自己主动领头、带动周围的人把工作有声有色地开展起来的人，我把他们称作“在旋涡中心工作的人”。

无论什么工作，一个人单枪匹马总是很难做好。你一定需要上司、部下以及周围人的协助才能顺利展开。

然而，如果你不是旋涡的中心，只在旋涡四周咕噜咕噜地跟着大家转，就很难体会到工作的真正乐趣。让自己进入旋涡中心，积极地把周围的人裹挟进去，你就能充分体会到工作的乐趣。

那么，怎样才能卷起旋涡呢？

一个组织里总有这样的人：没有谁来要求他做，他却自己主动提议要干这干那。面对这样的人，周围的人会说：“那就谁提议谁干好了。”

不是只有老一辈的人才会这样，年轻人中也有这样的人，他们会召集前辈、师兄们前来，然后向他们提出自己的建议。

比如，面前有一个课题：这个月的销售额要提高。

这时，如果一个刚参加工作不久的年轻员工提出：“师兄，董事长讲了要提高销售额，今天下班后，大家集中讨论一下怎么来提高，好不好？”

如果能开口说出这样的话，那么此人就是“在旋涡中心工作的人”，他就有希望成为团队的领导者。

敢于说这样的话的人，不是为了装样子给别人看，而是真的热爱工作，有强烈的“问题意识”。只有这样的人，才有这种魄力。

热爱工作，就不会单纯按照上司的指示办，就会有自己“制造旋涡”的、自主努力的冲动。

这其实就是上一小节讲的“自燃型”的人，这种人工作上可以取得卓越的成果，人生也会更丰富多彩。

体悟

无论遇到什么事情都要感谢

我们必须用理性把这句话灌输进自己的头脑中。即使感谢的情绪冒不出来，也要说服自己。也就是说，随时都准备说一声『谢谢』，持有这种心态非常重要。

我常在内心告诫自己，只要实践这一条，就能提升自己的心志，走出幸运的第一步。

働き方

第3章

以『高目标』为动力：持续付出不亚于任何人的努力

人本来就具备使梦想成真的巨大潜力。

这种每天努力的积累，使我们京瓷公司达到了创业时谁也不曾想到的极高境界。高目标就是促使个人和组织进步的最大动力。

不去想，不认真思考，就什么都实现不了。

每天每时，在拼命思索的过程中，愿望就会渗透到“潜意识”中。这样一来，即使不特别留意，在意想不到的场合，“潜意识”也会发动，给你启示。而且这种启示往往触及事物的核心，使问题一下子得到解决。

要实现高目标，前提就是持续地怀抱能渗透到“潜意识”的强烈愿望。

不断树立“高目标”

京瓷当时租用位于京都市郊、中京区西京原町的一家配电盘厂仓库，开始了创业，员工只有28名。

当时，只要一有机会，我就会向员工们说：“我们要成为西京原町第一的企业！达到西京原町第一以后，就要瞄准中京区第一；达到中京区第一以后，就要争取京都第一；达到京都第一以后，就要争取日本第一，再然后，当然就是要达到世界第一。”但是实际上，不要说世界第一了，即使是要达到西京原町第一也绝不是什么简单的事。

西京原町虽然并不是一个很大的街区，但当时已经有了非常出色的企业。

从西京原町火车站到京瓷所在地的沿路上，有一家京都机械工具公司，生产修理汽车时用的扳手、扳钳等工具。当时汽车产业正在蓬勃发展，因此，这个工厂从早到晚都机器轰鸣，生机勃勃。

当时我带着刚刚创业的锐气，怀着稍有懈怠就可能垮台的危机感，带领京瓷夜以继日地拼命工作。但每当深夜我工作结束、路过这家公司时，都看见那里依然灯火通明，很多人都还在工作。

一个比京瓷不知大多少倍的企业还这么努力，我们要成为“西京原町第一”，谈何容易！

然而，我仍然会不停地和员工们讲“要成为西京原町第一”的目标，而且，“西京原町第一以后，就要成为中京区第一”——我坚持向所有京瓷人描绘更大的梦想。

中京区当时已经有了京都有代表性的企业——岛津制作所。这家企业近年还出了诺贝尔奖的获得者，非常有名。要成为中京区第一，就必须超越岛津制作所。

当然，说这些都没有确凿的把握，而就当时京瓷的规模和实力来说，设立这样的目标简直是自不量力。

然而，**纵使是自不量力的梦想，是看似高不可攀的目标，还是要在胸中牢牢立下这个目标，并坚持不懈地在同仁面前展示这个目标。这一点非常重要。**

为什么？

因为人本来就具备使梦想成真的巨大潜力。

“要成为日本第一的企业！”在不断坚持这个想法的过程中，不知从何时起，你就会觉得这是理所当然的事。员工们也一样，会在不知不觉中和你一起共有这个似乎“荒谬的”目标，并为此每天都付出无尽的努力。

这种每天努力的积累，使我们京瓷公司达到了创业时谁也不曾想到的极高境界。高目标就是促使个人和组织进步的最大动力。

首先“必须得想”

我年轻时，听过松下幸之助先生的一次演讲，那次讲话让我印象很深。

那是有关“水库式经营”的一次讲话。

京瓷创业之初，在经营方面我是外行，很希望学到成功经营者的经营秘诀。正在这时候，我得到了一份关于松下幸之助先生演讲的通知。被人们称为“经营之神”的这位先生，究竟用什么思想来经营企业？我很想知道。提出申请后，我满怀期待，来到了演讲会场。

当天因为工作关系我迟到了，只能站在会场最后一排，站着听讲。

经济景气的时候，不要以为经济会一直这样好下去，要考虑到经济不景气的时候你该怎么办。在财务上有余裕的时候就要注意储备，就像水库蓄水一样。经营企业，随时要为经济不景气时做好储备。

这是幸之助先生讲演的主题。

大量降雨时，如果雨水全部流入河里，河水泛滥引发洪水，就会招致大灾。如果将河水存进水库，根据情况放流，那么就不仅能控制洪水泛滥，干旱时还可以防止河水断流。这样，雨水就得到了有效利用。所谓“水

库式经营”就是将治水的方法应用于经营。

幸之助先生演讲结束后，开始回答听众们的问题。

后面有人举手提问：先生所讲，就是经营必须有余裕，我理解了。但是这层意思，松下先生即使不讲，我们中小企业经营者也都明白。正因为我们做不到这一点，才感到苦恼。怎样才能让经营有余裕？如果不教我们具体的方法，我们很难办。

提问中夹着那么一丝抗议的味道。

这时，幸之助先生露出相当困惑的表情，他沉默片刻，仿佛是自言自语道：“不，你不想可不行啊。”

言罢再次沉默。大家以为答非所问，听众中一阵失笑。

但是，在那一瞬间，我却像受到电击一样，一阵震撼。

“不，你不想可不行啊。”幸之助先生这一句话中包含了万种思量，深深地打动了我的心。

“不，你不想可不行啊。”幸之助先生这一句话想传递的意思是：你说你也想让自己的经营有余裕，但是怎样做才能使经营有余裕，方法千差万别。你的企业一定有适合你企业的做法，我无法教你。但是经营绝对要有余裕，你必须自己认真去想，认真去思考，这种思考是一切的开始。

“能做到经营有余裕当然最好，但你不教我方法我怎么做到这一点”，如果你仅仅停留在这种程度的思考，那么高目标是绝对不可能实现的。

经营要有余裕，你真的是这样想的吗？如果你真的这么想，有这样强烈的愿望，你就会千方百计去寻找具体的方法，“水库”就一定能建成。这就是幸之助先生想说的话。

不去想，不认真思考，就什么都实现不了。

无论对工作，还是对人生而言，这都是铁则。

把愿望渗透到“潜意识”

愿望必定能实现。

就是说，“无论如何一定要这样做！”人只要有了这种坚强的意愿，愿望就会变成行动，人就会很自然地朝着实现愿望的方向前进。

但是，这必须是强烈的愿望，而不是随便想想。“不管怎样，无论怎样，一定要这样！”“一定非如此不可！”必须是这种由强烈的意念支撑的愿望或理想。

废寝忘食，朝思暮想，念念不忘，反复思考，如果你真的做到了整日里只想这一件事，这样的愿望就会渐渐渗透到“潜意识”中。

所谓“潜意识”是不自觉的、潜藏于人内心深处的意识。平时它不出头，但在无意识中或在某一特殊时刻它会闪现，并发挥不可估量的作用。

另一方面，日常发挥作用的意识叫“显意识”。

在人的意识中，“潜意识”的领域之广要大大超过“显意识”。经常反复的体验以及强烈的刺激都会进入“潜意识”。据说如果用好“潜意识”，就有可能在瞬间做出正确的判断。

这种“潜意识”就是在睡觉时也会起作用的意识，

它能将我们的行动引向实现目标的方向。

我举一个驾驶汽车的例子，你或许就会更容易明白“潜意识”所包含的不可思议的力量。刚开始学习驾车时，我们手握方向盘，脚踏油门或刹车，做每个动作前都要思考，这就是用“显意识”在开车。到后来习惯了，熟练了，就不必一一考虑操作顺序，这时在无意识中也能驾驶了。有时还会一边思考工作上的问题，一边驾车。突然一惊，但随后仍能正常驾驶而不发生事故。

因为驾驶技术渗透到了“潜意识”，所以即便不使用“显意识”，身体手足也能运作自如。

在工作中也应该有效使用“潜意识”。比如，“这个工作我想这么做”，当这种意念强烈时，突然就会有灵感闪现。这就来自“潜意识”。

每天，在拼命思索的过程中，愿望就会渗透到“潜意识”中。这样一来，即使不特别留意，在意想不到的场合，“潜意识”也会发动，给你启示。而且这种启示往往触及事物的核心，使问题一下子得到解决。

在这种情况下，有时只能用“神的启示”才能解释得通。

我常有这样的经验。

比如，京瓷想要挑战新事业。说是要挑战，但我们却缺乏在这种新领域的专业技术。虽然有一种自信，认为只要把京瓷的技术运用到这个新领域中去，就能打开新的局面，但事实上，我们现有的人才和技术与别人的差距都很大，我曾为此烦恼不已。

这时候，我碰上了意料之外的机遇。

在一个聚会上，我请朋友推荐人才。结果这个朋友恰好认识这一领域的一名优秀专家，于是双方一拍即合，我马上请这位专家加入公司。京瓷的新事业得以顺利展开。

这样的事看起来似乎是偶然的。但实际上，是因为我不停地思考，这个念头已经进入了我的“潜意识”，所以实现它是必然的。如果我不曾抱如此强烈的愿望，那么，即使理想的人才在我眼前走过，我也会错过这次机会。

要实现高目标，前提就是持续地怀抱能渗透到“潜意识”的强烈愿望。

当你竭尽全力时，神灵将会现身

若想登山，那么只有从平地起，用自己的双脚一步一步向上攀登直至山顶，除此之外，别无他法。就是这一步接一步不停地积累，最终可以征服海拔高达 8000 多米的喜马拉雅山。

看一看古今那些伟人们走过的足迹吧，当中记录了他们惊人的努力。他们终其一生，一步一个脚印不断地积累，仁慈的“主”、万能的“神”只会给这样的人带来成功的硕果。

与此相反，有人却认为：“坚持如此单调乏味的努力，简直就像傻瓜。在短暂的人生中，这么一味苦干的话，一定会落败于人；而寻找轻松巧妙的捷径快速取胜，才是明智的选择。”因此他们讨厌脚踏实地的努力。这样的人是无法取得事业成功的。

我想起这么一件事。

京瓷创建不到 10 年，全球最大的电脑公司 IBM 给京瓷下了一批精密陶瓷产品的订单。但对产品的性能要求之高超乎常规，也远远超出了京瓷当时的技术水准。我们千方百计，历尽艰难，总算做出了样品，但交到客户那里时，却全被盖上了“不良品”的印章。

要知道，我们已将当时京瓷拥有的技术和力量通通投入，经过恶战苦斗，才做出了这些产品，然而却全被判定为次品，20 万个产品悉数退回，当时的损失甚为惨重。

“努力已经达到极限了，实在无计可施了。”公司内弥漫着无可奈何的气氛。那天夜里，我到生产现场，见到茫然若失、呆呆地站在炉前的一位年轻技术员。

我走近他，见他双肩发抖、流泪抽泣。已经想尽了一切办法，却无论如何也做不出理想的产品，这令他痛苦万分，意志消沉。

“今天你先回家吧！”我对他说。他却站在炉前一动也不动。

看他那神情，我突然脱口而出：“你向神祈祷了吗？”听我说这话，他吃了一惊。但是，当我把这句话连续嘟囔了几遍后，他终于说：“我明白了。让我从头开始，再次努力试一试吧！”他的情绪一下子变得轻松起来。他向我微微点了点头，又投入了工作。

此后，包括这位技术员在内的开发小组，一次又一次克服了各种各样的技术难关，最终做出了满足客户苛刻要求的、完美无缺的、高水平的产品，而且是2000万个——如此巨大数目的成品全部按客户规定的时间顺利交货。

“你向神祈祷了吗？”这不像一个工程师讲的话。

如果有外人听到这样的话，或许会以为我们是走火入魔的“狂人”。然而，在我看来，在“尽人事”之后，只有向神祈祷、让神灵保佑我们这一条路了。

问题是真的已经“尽人事”，已经竭尽全力了吗？你自己身体里的力量真的全部用尽了吗？你真的已经将自己的魂魄注入产品中，并且坚持不懈地付出了不亚于任何人的努力了吗？

这就是我要表达的意思。

只有抱着这样强烈的愿望，使出浑身的力量，这个时候“神”才会愿意现身，才会向你伸出援手。

向困难的工作挑战，或者想要实现很高的目标，那么全身心投入工作是必需的，只有此时，懒得动弹的“神”才会出手相助。

始终“以百米赛的速度奔跑”“付出不亚于任何人的努力”是我的口头禅。

努力的重要性人尽皆知。如果我问：“你努力了吗？”几乎所有的人都会回答：“是的，我尽了自己最大的努力。”但是，仅仅付出同普通人一样的努力，是很难取得成功的。不管这样的努力持续多久，这不过是做了理所当然的事情。只有付出非同寻常的“不亚于任何人的努力”，才有可能在激烈的竞争中取得骄人的成绩。这个“不亚于任何人的努力”极为重要。

希望在工作中成就某种目标，就必须持续地付出这种无限度的努力。不肯付出加倍于他人的努力，而想取得很大的成功，并维持之，那是绝对不可能的。

在京瓷创业的初期，每天晚上何时回家、几点睡觉，我当时根本没有概念。

我就是这样夜以继日、全身心地埋头工作。

所谓“不亚于任何人的努力”，不是说“到这种程度就行了”，而是没有终点、永无止境的努力。将目标一次接一次向前推进，就要进行持续的、无限度的努力。

然而，在持续这种努力的过程中，员工们难免会有不安和不满的声音：“如此无限度的、不要命的努力，人的身体能承受得了吗？要不了多久，大家都会倒下的。”再看看员工们的脸色，确实个个倦容满面。

我考虑再三，但最终还是硬起心肠，说了下面一段话：

企业经营，就好比连续奔跑42.195公里的马拉松比赛。我们就是至今未经训练的业余团队，而且在这样的长距离赛跑中，我们起跑已经比别人晚了一步。在这种情况下，如果我们还想参加比赛，那么，我想我们只有用百米赛的速度奔跑才行。有人认为这样硬拼，身体肯定吃不消。但是，我们起跑已迟，又没有比赛的经验，若想取胜，非这么做不可。如果做不到这一点，我们一开始就不应该参加这场比赛。

我就这样说服了我的员工。

没有资金，没有技术，没有设备，几乎一无所有，又是最后一个加入新型陶瓷行业的企业。考虑到京瓷面临的现实，我们没有从容不迫、慢条斯理进行选择的余地。为了生存，除了拼命努力之外别无他法。虽然这是一种不得已的、严酷的决断，而且我的理由简直不近人情，但幸得员工们全都理解我，跟随我共同奋斗。

这样的努力终于开花结果了。创业不到十年，京瓷就迎来了股票上市这一关键发展点。

此时，我对员工们说：用百米赛的速度跑马拉松，大家都担心中途会有人落伍。但是，一旦跑起来以后，全力奔跑就成了我们的习惯。用最快的速度奔跑，我们居然真的坚持到了今天。

而且在比赛过程中，我们看到，那些先行起跑的团队速度并不太快。现在最领先的团队已进入我们的视野，说明我们已经离第一越来越近了，让我们继续加速，全力疾驰，超越他们！

这种以短跑的速度进行长跑比赛的无限度的努力，就叫作“不亚于任何人的努力”。

平平常常的努力，不管是企业还是个人，都不可能获得理想的成果，只有付出“不亚于任何人的努力”才是人生和事业成功的最强动力。

付出“不亚于任何人的努力”乃是自然的机理

我们一般都认为付出“不亚于任何人的努力”是一件特别的事，是一个沉重的话题，因为好像竭尽全力地工作是在苛待我们自己。其实绝非如此。

观察一下自然界吧。无论什么动物、植物都在拼命努力求生存，而只有我们人类才会贪图安乐，抱有这种恶念。

初春时分，我在家的周围散步。

城墙的石缝中有嫩草长出。“在这样的地方居然还有植物生长！”我一边想一边仔细观察。

在石头与石头之间，仅有一点儿泥土，然而就在那儿，草儿拼命吸收阳光雨露，发出嫩芽。此后，短短的春季只持续几周，草儿们接受阳光的恩泽，长叶、开花、结果。如果不如此，当夏天到来时，石墙在灼热的太阳照射下就会迅速升温，草儿就会枯死。所以赶在盛夏到来之前，草儿就要拼命生长，留下子孙，然后枯死。

在柏油马路的缝隙中长出的无名小草，它们的命运也一样。

在水分极端缺乏的、炎热如地狱般的环境中，各种草儿拼命挣扎求生。各种各样的草儿为了比其他草类更多地接受阳光，以便长得更大些，就拼命扩展草叶、伸展草茎，为生存互相竞争。

为了自身的生存必须拼命努力，自然界的机理本来就如此。懒惰、不努力的植物绝不存在，不努力的草类无法生存。

动物也一样，不拼命求生必将灭绝，此乃自然的铁则。

然而，只有我们人类，说到“不亚于任何人的努力”，说到“必须拼命工作”，好像就很特别，很难接受。然而，想要成功就必须拼命工作，想要生存就必须付出“不亚于任何人的努力”。

此乃自然之机理。

体悟

做人最基本的、必要的条件

我经常向许多人问道：『你是否在竭尽全力地工作？』『是的，我在努力工作。』但我对这样的回答并不满意，我会接着问：『你是否付出了不亚于任何人的努力？』『你的工作方法是否不亚于任何人？』我坚信，每天坚持认真地、不遗余力地工作，应该是我们做人最基本的、必要的条件。

第4章

働き方

持续就是力量：抓紧今天这一天

所谓人生，归根到底，就是『一瞬间、一瞬间持续的积累』，如此而已。

加倍努力，辛苦钻研，一直拼命地工作。

将努力变为『持续的力量』，就能让你这个『平凡的人』变为『非凡的人』，你就会具有强大的力量。

看起来平凡的、不起眼的工作，却能坚韧不拔地去做，坚持不懈地去做，这种“持续的力量”才是事业成功的最重要基石，才体现了人生的价值，才是真正的“能力”。

世上被誉为“天才”“名人”的人们，他们毫无例外，都发挥了这种“持续的力量”。长年坚持这种努力，那么，杰出的技能和优秀的人格也会变成你的特质。

持续的力量能将“平凡”变为“非凡”

所谓人生，归根到底，就是“一瞬间、一瞬间持续的积累”，如此而已。每一秒钟的积累成为今天这一天；每一天的积累成为一周、一月、一年，乃至人的一生。

同时，“伟大的事业”乃是“朴实、枯燥工作”的积累，如此而已。

那些让人惊奇的伟业，实际上，几乎都是极为普通的人兢兢业业、一步一步持续积累的结果。

也就是说，“我想要这样”“我想要这种状态”——描绘你心中梦想的目标，然后乘上喷气式飞机，顷刻之间飞跃千里，马上到达目的地——世上没有这样高超的方法。不管多么伟大的理想，都要靠一步一个脚印，孜孜不倦地、持续地努力才能实现。

埃及的金字塔是由许许多多无名氏，通过艰苦的地道作业堆砌而成的。他们将切好的巨石一块块砌上去，数百万、数千万块巨石就是靠他们的双手一块接一块运过来、砌上去。

金字塔是多么令人惊叹的奇迹，但正因为它凝结了无数人汗水的结晶，所以它能够超越悠久的历史，至今依然屹立在我们面前。这其中隐含的道理恰如我们每一个人的人生。

多年以前，在京瓷滋贺县的工厂里，有一位工人，初中学历。

“这事要这么做”，当上司教他时，他总是一一记下。他每天双手粘黑，额头流汗，只要是上司布置的工作，他总是日复一日，不厌其烦地认真完成。在工厂里他虽毫不显眼，一直默默无闻，但从无牢骚，也从无怨言，兢兢业业，孜孜不倦，持续从事着单纯而枯燥的工作。

20 年后，当我与他再次见面时，我大吃一惊，那么默默无闻、只是踏踏实实从事单纯枯燥工作的人，居然当上了事业部长。关键是，令我惊奇的不仅是他的职位，而且言谈中我体会到，他已经是一个颇有人格魅力且很有见识的优秀的领导。“取得今天这样的成就，你很棒！”我由衷地赞赏他。

他看上去毫不起眼，只是认认真真、孜孜不倦、持续努力地工作。但正是这种坚持，使他从“平凡”变成了“非凡”，这就是“持续的力量”，是踏实认真、不骄不躁、不懈努力的结果。

正如托马斯·爱迪生所言，成功中“天分”所占的比例不过只有 1%，剩下的 99% 都是勤奋和汗水。

专心致志于一行一业，不腻烦、不焦躁，埋头苦干，不屈服于任何困难，坚持不懈。只要你坚持这样做，就能造就优秀的人格，而且会让你的人生开出美丽的鲜花，结出丰硕的果实。

我作为一名企业经营者，使用过各种各样的人才，其中不乏“聪明伶俐”的人。这种人头脑敏捷，对工作要点领会很快，是所谓“才华横溢”的人物。公司也招聘了一些“笨人”，他们反应迟钝，理解事情缓慢，可取之处只是忠厚老实。

“经营者看重、赏识的人才当然是前者而不是后者。如果企业不得已要辞退职工，首先遭殃的肯定是后者而不会是前者。”

我也曾认为，前者当中特别能干的人，“将来在公司里可以委以重任”。

是这样的吗？

不，现实情况恰恰相反。

就是说，那些头脑灵活、思维敏捷的人才，正因为他们聪明，成长很快，或许就会认为眼前的工作太平凡，待在公司里大材小用了，于是不久就会辞职离去。所以，最终留在公司里的、有用的，恰是那些最初不被看好、头脑迟钝的人（用词可能不当）。

我为自己曾经的“短见”感到羞愧。

这些“头脑迟钝”的人，他们做起事来不知疲倦，孜孜以求，10年、20年、30年，像一只尺蠖虫一样一寸一寸地前进，刻苦勤奋，一心一意，愚直地、诚实地、认真地、专业地努力工作。

经过如此漫长岁月的持续努力，这些所谓“头脑迟钝”的人，不知从何时起，就变成了“非凡”的人。当我第一次意识到这个事实时，很是惊奇。当然，他们并不是在某个瞬间发生了突变，非凡的能力也不是突然获得的。

加倍努力，辛苦钻研，一直拼命地工作，正是在这样的过程中，他们塑造了自己高尚的人格。

不像豹子那样行动迅猛，而是像牛一样，只是“笨拙”地、“愚直”地、持续地专注于一行一业。这样不断努力的结果，让他们不仅提升了能力，而且磨炼了人格，造就了高尚美好的人生。

如果有人哀叹自己没有能耐，只会“认真地做事”，那么，我想对他说，你应该为你的这种“愚拙”感到自豪。

看起来平凡的、不起眼的工作，却能坚韧不拔地去做，坚持不懈地去做，这种“持续的力量”才是事业成功最重要的基石，才体现了人生的价值，才是真正的“能力”。

世上被誉为“天才”“名人”的人们，他们毫无例外，都发挥了这种“持续的力量”。长年坚持这种努力，那么，杰出的技能和优秀的人格也会变成你的特质。

将努力变为“持续的力量”，就能让你这个“平凡的人”变为“非凡的人”，你就会具有强大的力量。

比昨天更进一步

人生总在迷惑中。

越是认真工作，这样的迷惑或许就越深。

“为什么要这么做？”“究竟为什么要干这项差事？”越是认真、拼命工作的人，就越会思索劳动的意义，思考工作的目的，为这些人生最根本的问题而烦恼，并且常常陷入找不到答案的迷途之中。

我过去也曾经是这样。

在我工作的第一家公司，我反复进行着各种实验，有失败也有成功。当时在无机化学的研究者中，同我年龄相仿的，有人拿到了奖学金赴美留学；有人在优秀的大企业里，使用最尖端的设备进行最先进的实验；而我在一个如此破旧、衰败的企业里，连最起码的设备都没有，日复一日地做着混合原料粉末这样简单的工作。

“一直从事如此单调的工作，究竟能搞出什么科研成果来呢？”我问自己。

再进一步地：“自己的人生又将会怎样？”

想到这些，我不禁心灰意冷，每一天都过得很消极。

解除这样的迷惑，一般人的方法是和自己说：“要预见到将来。”就是说，不要将自己的目光仅仅放在眼皮底下，而要从长远的角度规划自己的人生蓝图；要把眼前的工作看作这长期规划中的一段过程。

这也许是合乎逻辑的方法。然而，我采用的方法与此相反。

我采用短期的观点来摆正自己对工作的态度。

“将来会搞出什么样的研究成果”“自己的人生将会怎样”，我不再痴迷于这些不着边际的远景，而只是留神眼下的事情。就是说，我发誓，今天的目标今天一定要完成。工作的成绩和进度以今天一天为单位区分，然后切实完成。

在今天这一天中，最低限度是必须向前跨进一步，今天比昨天，哪怕只是一厘米，也要向前推进。我就是这样思考问题的。

同时，不单单是前进一步，而且要反省今天的工作，以便明天“要做一点改良”“要找一点窍门”。在前进一步时，一定同时是在改善、改进。

就这样，奔着每一天的目标去，让每一天都有所创新，就会天天前进，天天获得积累。为了达到目标，不管外面刮风也好、下雨也好，不管碰到多大的困难，我都全神贯注，全力以赴。先是坚持一个月，再坚持一年，然后是5年、10年，锲而不舍。这样做下去，你就能踏入当初根本无法想象的境地。

将今天一天作为“生活的单位”，天天精神抖擞，日复一日，拼命工作，走这种踏实步伐的人，就能走上人生的“王道”。

全力过好今天这一天

每天，持续过好内容充实的“今天”这一天——这个观点在京瓷的经营中无时无刻不体现出来。

京瓷公司创建至今，从来不建立长期的经营计划。新闻记者们采访我的时候，经常提出想听一听我们的中长期经营计划，而当我回答“我们从不设立长期的经营计划”时，他们便觉得不可思议，露出疑惑的神情。

那么，为什么不建立长期计划？

因为说自己能够预见到久远的将来，这种话基本上都会以“谎言”的结局而告终。

“多少年后销售额要达到多少，人员增加到多少，设备投资如何如何”，这一类蓝图，不管你怎样着力地描绘，但事实上，超出预想的环境变化、意料之外事态的发生都将不可避免地会出现。这时就不得不改变计划，或将计划数字向下调整。有时甚至要无奈地放弃整个计划。

这样的计划变更如果频繁发生，不管你建立什么计划，员工们都会认为，“反正计划中途就得变更”。他们就会轻视计划，不把它当回事。结果就会降低员工的士气和工作热情。

同时，目标越是远大，为达此目的，就越需要持续付出不寻常的努力。但是，人们努力，再努力，如果仍然离终点很远很远，他们就难免泄气。“目标虽然没达成，能这样也就可以了，差不多就算了吧！”人们常常在中途就泄气了。

从心理学的角度看，如果达到目标的过程太长，也就是说，设置的目标过于远大，往往在中途就会遭遇挫折。

与其中途就要作废，不如一开始就不要建立。这是我的观点。自京瓷创业以来，我只用心于建立一年的年度经营计划。3 年、5 年之后的事情，谁也无法准确预测，但是这一年的情况，应该大致能看清，不至于太离谱。

做年度计划，就要细化成每个月甚至每一天的具体目标，然后千方百计努力达成。

今天一天努力干吧，以今天一天的勤奋就一定能看清明天。这个月努力干吧，以这一个月的勤奋就一定能看清下个月。今年一年努力干吧，以今年一年的勤奋就一定能看清明年。

就这样，一瞬间、一瞬间都会过得非常充实，就像跨过一座一座小山。小小的成就连绵不断地积累、无限地持续，这样，乍看宏大高远的目标就一定能实现。这个方法就是最确实的取胜之道。

能力要用“将来进行时”

在建立目标时，要设定“超过自己能力之上的指标”。这是我的主张。

要设定现在自己“不能胜任”的有难度的目标，“我要在未来某个时点实现这个目标”，要下这样的决心。

然后，想方设法提高自己的能力，以便在“未来这个时点”实现既定的目标。如果只用自己现有的能力来判断决定“能做”还是“不能做”，那么，就不可能挑战新事业，或者实现更高的目标。“现在做不到的事，今后无论如何也要达成。”如果缺乏这种强烈的愿望，就无法开拓新领域，无法达成高目标。

我用“能力要用将来进行时”这句话来表达这一观点。

这句话意味着“人具备无限的可能性”。也就是说：

人的能力有无限伸展的可能。坚信这一点，面向未来，描绘自己人生的理想。

这就是我想表达的意思。

但是，很多人在自己的工作和生活中，很轻率地下结论说：“我不行，做不到。”这是因为他们仅以自己现有的能力判断自己“行”还是“不行”。

这就错了。因为人的能力，在未来，一定会提高，一定会进步。

事实上，大家今天在做的工作，几年前来看，你也会想："我不会做，我做不好，无法胜任。"

可是到了今天，你是不是也觉得这个工作挺简单的，因为你已经驾轻就熟了。

人这种动物，在各个方面都会进步。"神"就是这么造人的——我们应该这么思考。

"因为我没有学过，没有知识，没有技术，所以我不行。"说这话可不行，应该这样思考：

因为我没有学过，所以我没有知识，没有技术。但是，我有干劲、有信心，所以明年一定能行。而且就从这一瞬间开始，努力学习，获取知识，掌握技术。将来密藏在我身上的能力一定能开花结果。我的能力一定能增长。

对人生抱着消极态度，认为自己的人生就将以碌碌无为而告终，这么思考的年轻人并不多。

但是，一旦面临困难的问题时，几乎所有的人都会脱口而出说自己"不行"。

绝对不要说"自己不行"这种话。面对难题，首先要做的就是相信自己。

“现在也许不行，但只要努力一定能行。”首先相信自己，然后必须对“自己解决问题的能力怎样才能提高”进行具体深入的思考。只有这样，通向光明未来的大门才会打开。

将“不可能”变为“可能”

从京瓷创业开始，我们就经常主动接别的公司认为“不能做”的产品订单。

我这么说，有人或许会认为，京瓷一开始就具有值得夸耀的高技术。实际上并非如此。对于一个弱不禁风的、新生的小企业而言，我这样做是唯一的生存之道。

我们最早生产的产品，前面已经提到，是提供给松下电子工业的绝缘零件，用在电视机显像管上的。

京瓷公司成立后，生产虽然很顺利，但如果只有单一的一种产品，经营就很不稳定。因此我考虑，以已开发的技术及业绩为基础，将业务往横向进一步拓展。我们开始针对东芝、日立、NEC 等大型电子企业展开促销推广活动。

首先，我们扩大宣传："我们公司具备新技术，可以制造这种新型陶瓷绝缘产品。"想用这个办法接触客户。然而，一开始并不成功，因为这些大企业已经将此类产品的订单发给了原先合作的陶瓷厂家。不仅如此，大企业的工程师们还觉得，将订单发给京瓷这种没有名气的小企业很不放心。要把已经发往有老关系的陶瓷企业的订单转发给刚开张的新企业京瓷，这根本就不可能。

于是，这些工程师们必然提出的一个问题就是：

既然你们有这种新型陶瓷技术，那么，这个产品你们能做吗？

他们拿出来的是被别的陶瓷厂家拒绝的、难度很高的产品，问我们能不能开发。

这时候，如果我回答："我们做不了。"那么，合作的事就彻底没希望了。

虽然在事实上我们只具备制造显像管电子枪上绝缘材料的技术，但是，面对客户的这种要求，我只能立即回答：

行，我们能做。

如果不这么说，对方就再也不会搭理你了，企业的经营就难以维持，因此我没有选择的余地。

然而，一旦向客户承诺了“行，能做”，而结果却做不出来，那么客户就再也不会给你新的机会了。所以，“能做”这种“大话”“谎言”，无论如何必须兑现。

将不会做的工作一个一个接下来，员工们个个都惊讶不已。

“连设备也没有，如何做得了？”员工们几乎异口同声地反问我。当然，他们的意见也有道理：因为要完成这样的工作，当时的京瓷既没有经验，也没有相应的技术和设备。

我则激励大家：

没有设备可以借，买二手设备也行。说技术上不能做，这不过是现在这个时点的话。

相信能做，然后加紧努力，不久的将来就一定能做成。瞄准这个将来的目的地，倾注全部的力量和热情，好好干吧！

将“不能做的工作”当作“能做的工作”，接下任务，然后发奋努力，达到实际上“能做”——从不可能中孕育出可能。这似乎看起来很荒唐，好像“靠踮起脚尖来拔长身高”，但正是这种所谓“荒唐”的做法，有效地提升了京瓷的技术，扩大了京瓷的业绩，让京瓷走上了成功之路。

人的能力这个东西，绝不是一成不变的。所谓“能力”，归根到底，应该采用“将来进行时”来估量。

从应该到达的未来的某一点倒算→评估自己现有的能力→再考虑用何种方法提高自己的能力。

这个未来的某一点，就是要达到的目标。始终要把跨越的栏杆设置在比自己现有能力高两三成的高度，然后瞄准这个未来的目标，注入热情，不惜一切地持续付出“不亚于任何人的努力”。

“能力要用将来进行时”，以这种姿态面对人生，对于达成宏大高远的目标而言，非常重要。

“已经不行了”的时候才是真正的开始

“已经着手开发的研究项目，一定要百分之百的成功！”这是我的信念。

在京瓷创业大约15年后，我应邀就如何进行研究开发的话题，在某个著名的大企业做了一次演讲，听众是200多位研究员。

他们都是从事高新技术开发的优秀人才，其中许多人都有博士头衔。演讲结束答疑时，有人提问：“京瓷研究开发项目的成功率是多少？”

当项目遇上难以克服的困难，认为“已经不行了”的时候，其实并不是终点，而是重新开始的起点。

“京瓷凡是着手开发的研究项目都必须有百分之百

的成功率！”我这样回答。

在发出一片惊叹声之后，立即就有人质疑：“你说这话令人难以置信，这是不可能的。”

我接着这样回答他：“在京瓷公司里，研究开发一定要持续到成功为止。以失败告终的事例没有。”

这一答词立刻引起了全场一片笑声。

然而，我是认真的。

不管什么项目，一旦开始，就一定要做到成功为止。这种执着的、强烈的信念，以及不达目的绝不放手的“持续的力量”，是成功的必要条件。我坚信这一点。

当项目遇上难以克服的困难，认为“已经不行了”的时候，其实并不是终点，而是重新开始的起点。在成功之前，要绝不罢休，不屈不挠，坚韧不拔。不能给自己设置界限，要不厌其烦，持续挑战。这样才有可能变“危机”为“机会”，让“失败”转为“成功”。

狩猎民族手执梭镖或吹箭，腰间带上数天的食料和水，去追捕猎物，借以维持一家的生存，但捕获猎物并不容易。

他们要顺着动物的足迹，日夜不停地追踪，追到猎物的窝巢后，还要冒着生命危险，突袭并杀死猎物。然后，他们还要扛着战利品，再花上几天几夜，长途跋涉，回到家里，让等候的族人们获得食物。

在如此严酷的环境下维持生存，最重要的就是，要具备洞穿岩石般坚强的意志。一旦盯上目标，在得手之前，就要持续追击，锲而不舍，绝不放弃。这种执着之心，就是坚强的意志，是成功不可或缺的要素。

“在认为已经不行了的时候，才是工作的开始”，这一思想在京瓷已经深深扎根。

即使在工作被逼入“计穷策尽，已无办法可想”，不得不放弃的地步时，也不是终点，而是第二次开始的起点。从这里出发，要以更坚强的意志、更炽烈的热情投入战斗。不管碰到何种阻力，都要穷追不舍，坚持到底——狩猎民族取胜的这种韧性，在我们要达成目标时必不可缺。

苦难和成功都是考验

艰难困苦正是机会——我们应该有这样的认识。

为什么？因为苦难能够教育人，促进人的成长。相反，人在一帆风顺的时候往往容易犯错误。

比如，有不少获得巨大成功的经营者，他们为成功的美酒所陶醉，陷于傲慢，犯了错，以至于晚节不保，辛苦创建的企业走向衰败，这样的事例屡见不鲜。

虽说盛衰荣枯乃世间常态，但是令人心酸的悲剧仍屡屡上演，不正常似乎成了正常。

遭遇失败和苦难的时候，不应牢骚满腹，不要怨天尤人，而是要忍受考验，坚持努力，一点点积累小小的但确凿的成功，最后将逆境转化为顺境。在成功和幸运的时候，要不骄不躁，抱着真诚的感谢之心，继续坚持努力，使成功得以长期持续。

无论苦难或成功都是对我们的考验。

一开头我就提到，我刚进公司开始研究工作的时候，痛苦的情绪时时袭击我："为什么我总是连遭不幸呢？我的人生将会怎样呢？"

当时，没有指导我工作的上司，企业里也没有像样的研究设备，每天，就我一个人，一边摸索，一边持续研究开发。

那时候，寂寞、孤单、苦恼——各种消极的情绪不断袭来。夜晚，在宿舍后面小河的河堤边，我常常坐下来仰望天空。

星空满天的时候、月色清朗的时候、天色阴沉的时候、即将下雨天色暗黑的时候，我总是独自一人，仰望天空，静静地思念故乡，思念父母兄弟，吟唱《故乡》等歌曲或者童谣。

看到我的这种状态，宿舍的同事们就议论说："稻盛又在哭泣了。"

但其实，我是在用我自己的方式治愈我内心的痛苦和创伤，我在激励我自己。

待唱完歌曲时，我痛苦和孤独的感觉已经消失，我的心境豁然开朗。我满怀着对明天的希望和面对未来的勇气走回宿舍。那样的情景至今仍历历在目。我想也许是那些歌曲和童谣给了我力量和勇气。

苦难不会没完没了，当然幸运也不会永远持续。**得意时不忘形，失意时不消沉，每天每日勤奋工作，这比什么都重要。**

在胜利和挫折的考验中，每一天都拼命努力，这本身就是在孕育成功的种子。

不要有感性的烦恼

人生难免有失败的时候。

这时候绝不可心情郁闷，不要有感性的烦恼。

所谓“覆水难收”，一旦泼出去的水就难以收回，没有必要老是后悔，老是懊恼。“为什么会干那样的事？”“当时不那么干就好了！”这样想其实无济于事，你完全没有必要为失败而烦恼不已。

应该对失败的原因进行分析，诚恳反省，“是什么原因让我干那样的傻事?”必须严肃地质问自己。但是，当你做完了充分的反思，接下来就应该把这事忘掉。人生也好，工作也好，总是会充满痛苦和烦恼，不可能时时顺心。

经过充分反省之后，就朝着新的目标，满怀希望、心情开朗地采取行动，开始努力工作，这样才对。

近年来，日本每年自杀的人数超过3万，但其实大多数都是因为一些感性的烦恼。

确实，人生总有烦恼缠身，但是即使发生了巨大的不幸，感觉真要活不下去了的时候，也绝不要痛苦得撕心裂肺。

拂拭心中感性的烦恼，抬头挺胸向前看，朝着新的方向，采取新的行动。这种态度对于我们的人生非常重要。

人都是在反反复复的失败和错误中成长、发展的。

失败了没关系。只要失败后认真反省，然后把精力转向新的行动，那么即使一时被逼入穷途末路，最后也一定能获得成功。

前面已经提过，京瓷最初的客户就是松下电子工业公司（今天的松下电器产业集团，以下我们简称为“松下”）。

当时，只有来自松下的订单，所以我们对松下充满了感激之情：“幸亏有松下的支持，京瓷才有了一个良好的开端。”但是不久以后，在产品的价格、质量、交货期等各个方面，松下对我们的要求都越来越苛刻。

特别是价格，松下的采购部门每年都要求京瓷的产品大幅度降价。虽然能获得订单，但是要消化降价的成本可不容易。

当然，松下的做法不只是针对京瓷。一次，我出席松下召集的零部件供应商会议。“松下欺负供应商！”在会议上，各零部件厂家愤愤不平，一齐向松下开火。松下的要求实在过于苛刻了，我也曾同松下的采购员当面争吵，所以对这些供应商们的心情，我很理解，他们对松下的不满已经接近于憎恨。

然而在同时，我对松下又有深切的感谢之心，所以我想：

这是在锻炼我们，考验我们！苛刻的要求是迫使我们刻苦钻研的绝好机会。我们的公司刚刚起步，我们的腰腿正需要锻炼。

如果连这种程度的要求都不能适应，那么公司也好，个人也好，就只能停留在二流、三流的水平。所以，绝不能认输，我们要从正面迎接这个难得的挑战机会。

因此，凡是松下的要求，我们二话不说，照单全收。如何在这种价格条件下仍能挤出利润空间？我们绞尽脑汁，想办法从根本上削减成本。

创业数年后，我们的产品开始向海外出口，当京瓷从蓬勃发展的美国西海岸半导体市场获得订单之时，我想起了松下。

同美国的同行相比，我们的产品不仅品质卓越，而且价格有充分的竞争力。

当我意识到这一点时，我不禁双手合十，从内心向松下表示感谢：“松下松下，是你培养了我们。”

我们如今拥有全世界通用的、有全球竞争力的技术，可以说完全是客户严格要求的结果，是我们为顺应这种要求拼命努力的结果。松下无意中给予我们的考验，让我们在不知不觉中积蓄了力量，掌握了世界水准的竞争技术。我不由得对松下更加感激了。

另一方面，当时一味向松下发泄不满而没有做出相应努力的零部件厂家，不少都倒闭了，早已消失在竞争的风浪之中。

针对自身所处的环境，是采取卑屈、怨恨等消极的态度，还是把困难的任务当作自己发展的机会，以积极的态度去应对？选择不同的态度，走不同的道路，到达的终点也会大相径庭。无论是工作还是人生，都是同样的道理。

哪怕险峻高山，也要垂直攀登

在我就职的第一家公司，因为我坚持依据自己的信念行动，所以有时会受到同事、长辈、上司，甚至工会的责难，而在公司内处于被孤立的状态。

此时，有一位比我大五六岁的前辈，此人和我不同，为人圆滑，与周围的人际关系和谐，对我提出了如下建言：

稻盛君，你的做法太过正直，太过直截了当，所以旁人难以理解。在人生中积极意义上的妥协还是必需的，人活在这个世上，需要懂得权宜之计和临机应变。

听了这话，我毫不以为然。但是过后，对于究竟该不该采用所谓“积极意义上的妥协”，我也曾反复地询问自己。

然而，我得出的结论仍然是“绝不接受所谓妥协的诱惑”。绝不扭曲自己的信念，按照自己的信念拼命工作，我只能如此。我从内心发誓，坚持自己的初衷。

那时，我头脑里浮现出在攀登险峻的高山时自己的状态。

我曾是一个缺乏登山技术和经验的人，但却要作为登山队长率领团队攀登险要的石山。此时因为害怕而脚底发抖的人、要求中途离队的人，都出现了。如果只考虑安全第一，那么我们就不可能敢垂直攀登高耸的石山，而将会选择迂回上山，缓慢地、轻松地爬行。

这种方法就是那位先辈所讲的“积极意义上的妥协”，这的确不失为一种明智的办法。

但是我却不选择这条安逸舒适的道路。

为什么？因为我认为，在选择安全舒适办法的瞬间，就会迷失我的目标——那险峻的高山之巅。采取安全的办法，花费漫长的时间，在缓慢攀登的过程中，就会淡忘了初衷，消磨了攀上险峻山顶的意志。即使没有忘却初衷，也会慢慢接受“理想归理想，现实只能到此为止了，已经做了充分的努力，就到此为止吧”的想法，那就一定会放弃最初的目标。

只要允许自己稍稍妥协，那么持续的努力就会画上终止符。我预见到自身软弱的一面，所以，明知自己鲁莽无谋，我还是下定决心，今后不管遇到多么险峻的高山，我都要垂直攀登。

恰逢当时准备结婚，我对未来的妻子说：“以后，如果没有一个人肯追随我，很抱歉，希望那时你能做我的后援，你愿意吗?”我一边这么讲，一边低头求婚。那一时刻我至今还记得清清楚楚，当时妻子默默地点了点头。

允许自己妥协，选择安逸之道，当时那一瞬间固然很惬意，但是，这样却不可能实现自己的理想和崇高的目标，到头来必定后悔。

秉持坚定的意志，一步一步、一天一天、踏踏实实努力的人，不管路程多么遥远和艰难，到时他一定能够登上人生的山顶。

体悟

与宇宙意志相协调

一方面是『埋头苦干』的决心，另一方面是『定能成功』的确信。以乐观的态度面对困难和逆境，乃是人生取得成功的法则，是经营者的生存智慧。

只要永不言弃，事态一定会出现转机，我把这种人生态度和工作态度称为『与宇宙意志相协调』。

第5章

働き方

追求『完美主义』：

怎样才能出色工作

要求每天的工作都要追求『完美』，这很苛刻，也很困难。

要完成一个产品，99%的努力是不够的。一点差错，一点疏忽，一点马虎都不能允许。任何时候都要求100%的『完美主义』。

为了防患于未然，自始至终，我要求每个人的神经都必须高度集中，注意到事情的方方面面。

工作中要做到“有意注意”相当困难。需要靠平时不断训练、养成习惯才行。

如果不论做什么事都能贯彻“有意注意”，那么，不仅能大大减少差错和失误，而且当问题出现时，也能够立即抓住问题的本质，迅速予以解决。

不管多么细小的工作都要用心去做，投入100%的力量。正是因为贯彻了这样的“完美主义”，才使京瓷在不断创造新产品的同时，获得了持续的成长和发展。

出色的工作产生于“完美主义”

我有一位叔叔是海军航空队的飞机维修员。这位叔叔从战场归来后跟我讲过的一番话，我至今记忆犹新。

当时，每当轰炸机起飞时，维修员也要随机飞行。但奇怪的是，几乎所有的维修员都不乘坐自己维修过的飞机，而是乘坐别的维修员同事维护保养的飞机。这是为什么呢？

因为虽然自己在维修保养时竭尽全力，但如果被问道：“你做得万无一失吗？完美无缺吗？”却没人敢充满自信地回答“是”。

正因为对自己的工作缺乏充分的自信，考虑到万一情况，所以维修员们都选择乘上同事负责的轰炸机。

我还听过类似的事情。自己的子女、妻子、父母患重病，许多医生都不愿亲自诊断，因为他们也缺乏自信。亲人要动手术时更是如此，往往委托自己信任的医生动手开刀。我们常听到的理由是："因为亲人的骨肉之情，自己开刀的话，动手之前，手就会发抖。"但我不认同这个理由。

这种情况，是因为医生们对自己缺乏自信。

如果我是外科医生，当亲人需要做手术时，我不会委托任何人，必定亲手执刀。

为什么？因为对于我来说，每一天的工作都是"真刀真枪"地干，我都会从正面面对，这样天天积累，我一定会对自己的手感、技术拥有自信。"完美主义"只有在每天认真的工作和生活中才能产生。

要求每天的工作都追求"完美"，这很苛刻，也很困难。但是如果你真心想把事情做得令人满意，除了竭力做到"完美"之外别无他法。成败取决于"最后1%的努力"，我从年轻时开始就把贯彻"完美主义"作为人生信条。

一方面，这是我与生俱来的、先天的性格。另一方面，这也是从我从事产品制造的经验中学来的，是后天形成的观念。

在制造产品的过程中，哪怕99%都很顺利，但只要最后的1%因疏忽而出了问题，那么前面所有的努力都会前功尽弃。这样的事情时常发生，特别是新型陶瓷的制作，只要一个小差错，很小的一点粗心，就会造成致命的失败。这种事情绝不少见。

新型陶瓷的制作，需要按比例将粉末状态的金属氧化物——氧化铝、氧化硅、氧化铁、氧化镁等原料混合后，放在模具内加压成型，然后在高温炉中烧结，出炉的半成品还要进行研磨，对表面进行金属加工处理。完成一个产品需要许多道工序，而且每道工序都需要精细的技术，每位员工工作时都必须全神贯注。

因此，要完成一个产品，99%的努力是不够的。一点差错、一点疏忽、一点马虎都不能允许。任何时候都要求100%的“完美主义”。

如果懈怠了最后1%的努力，就会产生不良品，那么材料费、加工费、电费不说，前面各道工序所花费的时间、精力、智慧，所有一切也都全部泡汤。在多道工序中只要有一道工序出现微小的缺陷，之前的全部努力都将化为泡影。同时，还会让等候产品的客户蒙受巨大的损失。

京瓷生产的电子工业用各类陶瓷零件，几乎全都是按客户订单生产的。客户都是电器厂家，“我们机器中的重要零件，要使用你们京瓷生产的新型陶瓷，请按这种规格制造，要求你们某月某日交货。”我们的销售员就这样从客户处获得订单。

客户机器装配的日程安排，与京瓷提供的配件交货期是紧密相连的，京瓷必须严格遵守预定的交货期。在生产过程中只要发生一点点差错，承诺的交货期无法兑现，就是违约，那将损害公司的信誉。例如，临近交货期了，因工作不到位而产生了不良品；如果该产品的制造周期是两个星期，而问题又发生在最终出货阶段时，就意味着要再花两个星期去重新制造产品。

如果真是这样，销售员就得立刻向客户解释，并且一个劲儿地低头道歉，请求再宽限两个星期。这时往往会遭到客户的严厉训斥：“产品委托给了你们这样的公司，就要连累我们整个生产线停产吗?”“再也不会和你们这样的公司做第二次生意了!”

我们的销售员，一个大男人遭到如此责骂，哭着鼻子狼狈而归。这样的事情真的发生过。这些痛苦的经验使得“工作一定要追求完美主义”的理念渗入我的骨髓。

为了防患于未然，自始至终，我要求每个人的神经都必须高度集中，注意到事情的方方面面。除此之外别无他法，我要求员工无论什么细节都要精心对待。

这种将意识高度集中的做法叫作“有意注意”。与之相对地，听到声响，突然回头，予以注意，这就叫“无意注意”。

工作中要做到“有意注意”相当困难。需要靠平时不断训练、养成习惯才行。

如果不论做什么事都能贯彻“有意注意”，那么，不仅能大大减少差错和失误，而且当问题出现时，也能够立即抓住问题的本质，迅速予以解决。

不管多么细小的工作都要用心去做，投入100%的力量。正是因为贯彻了这样的“完美主义”，才使京瓷在不断创造新产品的同时，获得了持续的成长和发展。

橡皮绝对擦不掉的错误

能做成事业的人，都是掌握了“完美主义”，并将它贯彻始终的人。

这不只是限于制造业，所有的行业、所有的职位都适用这一条规则。

京瓷还是小企业时曾发生过这样的事。当时，我在会计方面有不理解的地方，就一一向财务部长提出疑问。这让他大伤脑筋，我提的都是“财务报表怎么读”“复式簿记的处理方式”等这样的问题。一个连会计的“会”字都不认识的人却提出了这么多形形色色的问题，那位年长的财务部长每次都露出不悦的神情。不过我虽然年轻，却是他的上司，他也不好太敷衍了事。“常识都不懂，尽提些幼稚的问题，”他内心一边这么想，一边勉强应答。

有一次，这位部长说明的数字我无法接受，我连连追问，弄得他非常窘迫，无言以对。最初他看我是外行，不把我放在眼里，但在我再三追问之下，证明他的数字有误。他大概也感到不对头，轻轻地连声说了几句“对不起”，赶紧拿来橡皮将错误的数字擦去。对他的这种做法，我实在难以容忍。

只要一个文字、一个数字错了，就有可能造成工作上的致命后果。这一点他毫无意识。如果这种性质的事发生在新型陶瓷的制造过程中，会造成无法挽回的严重损失。

所以，当时我大发雷霆，狠狠地批评了他。

当会计的人，为了便于擦改数字，先用铅笔写，发觉错了就用橡皮擦掉再重写，他们认为没什么大不了。正因为以这种心态做事，所以非常简单的错误却总是改不过来。

发生了错误用橡皮擦掉、重新再写就行了，抱有这种想法的人不在少数。

但是，在工作中有很多用橡皮绝对擦不掉的事情，而且，抱着“错了改改就行”这种想法做事，小的失误就会频繁发生，其中就隐藏了导致无法挽救的重大错误的危险性。

无论何时何事，“错了改改就行”的想法绝对不能允许。平时就要用心做到“有意注意”，不允许发生任何差错。贯彻这种“完美主义”才能提高工作质量，同时提升人自身的素质。

最重要的是“注重细节”

工作要想做到“完美无缺”，就必须注重细节。

我学会这一点，是在新型陶瓷研究开发刚开始后不久。新型陶瓷的粉末在进行混合时要使用罐磨机——一种陶瓷器具，其中放入球形石块，罐磨机转动时石块滚动将原料粉末细化。

某一天，我的一位前辈技术员坐在清洗场上，用刷子仔细洗刷罐磨机中的石块。这个人一贯工作认真，但沉默寡言，一点不引人注目，正如此时他又在默默地做着清洗石块这样简单枯燥的工作。

“爽爽快快洗了不就行了吗？这么做不是不得要领嘛！”我一边嘟囔一边就想走开了。但是我想了想，突然停下了脚步。我开始用心观察，只见他正用刮刀将石块中的粉末剔除。石块常会产生缺损，在凹陷处就会黏附上前一次试验用的粉末。这位前辈用刮刀仔细将粉末刮除后，再用刷子用心清洗。

不仅如此，他还用挂在腰间的毛巾将洗过的石块擦拭得干净光滑。

看到这种情景，我的头上好像挨了一棒，受到了很大的冲击。

由于新型陶瓷的材质非常细腻，因此罐磨机中残存的粉末就会成为新试验时的“杂质”，阻碍原料的精确混合。

因此，每天实验结束后，用过的器具都必须用水洗干净。当时我认为清洗石块不过是一件杂差，与研究开发没有直接关系，所以清洗作业每次都草草了事。因为草率了事，混入杂质，所以总是达不到预期的效果。此时此刻，我终于明白了，我为自己感到羞耻，并进行了深刻的反省。

做好工作必不可少的认真态度——前辈具备，我却缺乏。这件事意味着什么呢?

必须注重细节。

清洗实验用的器具，这好像是杂差，是很单纯的作业，但是正因为是单纯的作业，就更有必要精心做好。德国有句格言："神寄宿在细节处。"事物的本质决定于细节，美好的事物产生于注重细节的认真态度。

比道理更重要的是重视经验。

翻阅无机化学的教科书，关于新型陶瓷，书上写着：将氧化铝、氧化硅、氧化铁等原料混合，成型，高温烧结。

确实，从理论上讲，书上写得不错，但实际上并不那么简单。不亲临现场，不亲自动手，不反复试验推敲，许多事情都弄不明白，罐磨机的清洗就是一例。只有把理论和实际结合起来，才可能把技术开发做得非常出色。

不厌其烦，持续、专业地工作。

无论做什么工作，只有天天持续努力才会进步。即使是清洗，这种简单枯燥的工作，在天天持续努力的过程中也能够积累非常有用的技术和经验。如果讨厌做这样的努力，缺少“持续力”，那么，要做出优良的产品，要完成让自己和别人都满意的工作，是不可能的。

这些涉及工作本质的基本理念以及劳动的基本态度，就是在这位默默工作的前辈身上学到的。制作“会划破手的”崭新的产品必须是“会划破手的”、崭新的。我一直这么想。

所谓“会划破手的”、崭新的产品，就是要像刚印出的崭新的纸币那样，手感、质感都很好，美观悦目，无可挑剔。“会划破手的”这个词，是用来形容有价值的产品的，我自己个性化的语言。

为了用陶瓷制作半导体封装（将用于电子设备的半导体基板封装，以保护基板不受外界环境的影响，同时又能接续电流），我们京瓷公司由一位工程师牵头，组成了一个研究小组，负责推进这一项目。

这项研发工作，需要高精的技术，需要多道严格的作业工序，这些都是京瓷从未有过的。仅仅做出样品的过程，就花费了难以想象的时间和辛劳。

这位工程师把做好的样品拿给我看："社长，虽然经历辛苦，现在总算把东西做出来了。"我接过来看了一眼。不用说，我心里非常清楚，这个样品是他们汗水的结晶，其中包含了他们苦心钻研的技术的精华。

但是，我只看了一眼，就觉得这并非我所期待的理想的产品。因为看上去总觉得它"不纯净"。

陶瓷半导体封装是用新型陶瓷原料，放进氮、氢混合的气体在炉中烧结而成的。如果产品上稍稍附着一点脂肪，燃烧时它就会炭化，产品就会呈现浅灰色。这就是我所看到的"不纯净"。

对于负责研发的这位工程师来说，或许有点冷酷无情，但我还是下了结论：“性能或许尚可，但它不合格，它的颜色不够鲜亮。”

他的脸色一下子变了。这可以理解，因为自己倾注全力开发出来的样品，我却不是凭它的“性能”而是凭“外观”就否定了它，他难以接受。

于是他沉着脸反驳道：“社长也是技术出身的，希望你做出合理评价，颜色不鲜亮同产品的性能无关。”

“性能方面或许满足了相关要求，但它不是合格的完成品。”我说着，把样品退还给他。

具备优良性能的产品应该是外观令人赏心悦目的产品。

因为“外观”就是“最外显的品质内容”。

外表赏心悦目的产品也会让人觉得是性能优良的产品。

我又强调说：

新型陶瓷本来应该是纯白的。人们看到它时，会不禁产生不忍用手去碰的敬畏之心。冒失地用手触摸，会觉得有“手甚至会被划破”这样的虔敬之心。如果外表能做到如此美丽，那它的性能也一定是最好的。

我把这样的产品称为“会划破手的”崭新的产品。

太好看了，太完美了，用手摸它、触碰它，手甚至会被划破！制造如此完满无缺的产品，就是我的目标！

回忆起来，这样的形容词，是我幼小的时候常听我父母说的。

眼前摆着的东西太出色了，令人着迷，人们对它怀着憧憬、敬畏之念，不忍心用手玷污它。在这种情形下，父母就用“会划破手的”这个词来形容它。所以这话我也常常脱口而出。

要确信自己一定做到“已经最好，好得不能再好了”。为了把产品做到这样的程度而不惜一切努力——这种“完美主义”，是企望登上“创造”这座高山山顶的人们无论如何都必须具备的理念。

事先“看见完成时的状态”就定能成功

想要成就某项事业，就应该时时描绘这一事业的理想状态。同时，对于实现这个理想的过程也要反复思考，直到“看得见”这个过程为止。这一点很重要。

在第二电电（现在的 KDDI）开始移动通信事业的时候就是这样。这是我在自己的各个人生关头体验过的事实。

“手机的时代即将到来。”当我做出预言时，周围的人们或者疑惑，或者否定，都认为那是不可能的事。

但是，我对手机未来的发展已经清楚地“看见了”。

手机是一种隐藏着无限可能性的产品。它将以何种速度发展，如何普及，以何种价格、什么尺寸在市场流通，这些问题的答案在第二电电的事业正式开始之前，已在我头脑里清晰呈现。

为什么？因为通过京瓷经营的半导体零部件事业，我已经了解到有关手机技术革新的进展情况和速度，我当时已经具备了充分的信息和知识。

起初，“移动电话”很大，要用肩扛，被称为“肩扛电话”。后来，由于组成它的各种集成电路得以压缩到小型的半导体内，所以“移动电话”快速地实现了小型化。因此，手机这一新商品必将以惊人的速度普及。对于这一切，当时我已经有了相当精确的预测。

同时，“契约费是多少”“基本月租费是多少”“话费是什么价格”，这些关于对将来的价格设定的问题，我也事先都想清楚了。当时，一位干部将我讲的数据记在了笔记本上。到移动通信事业正式开始时，他翻阅笔记，结果发现实际的费用体系与我当初预测的数据几乎没有差别。

这就是所谓事先已经“看见了”。

在头脑里思考再思考，反复进行模拟演练，就能看见未来。

“想做成这样”，描绘这种理想，把开始时的想法，提升为强烈的愿望，24 小时不断思考，使成功的形象在眼前鲜明浮现。这一点非常重要。

当你对事情的各个细节都有了明确的印象，最后的结果一定是成功。

最初只是理想，然后逐步与现实接近，最后理想与现实的界限消失，好像理想已经实现。这种实现的状态，已经完成的形象，就会在头脑中，或者在眼前鲜明地呈现：不是黑白色，而是要以鲜明的彩色出现。只要你反反复复思考，这种现象就会在实际中出现。

反过来说，缺乏强烈的愿望和深入的思考，事前看不到结果，那么，可以说事业和人生的成功都是靠不住的。

抓住一切机会磨炼“敏锐度”

在生产现场，有时会听到机器发出的异音。这时，我就会说：“没听见机器在哭泣吗？”我会对现场负责的人员提出批评。

机械有故障，往往都是先发出异音。之前声音一直正常悦耳，此时突然产生异音，肯定说明机械出了问题。但是，因为机械的动作可能仍然与平常一样，所以问题往往容易被忽略。我把现场人员的“敏锐度”不佳当作一个问题，向他们严肃指出“要磨炼敏锐度”。

我几乎养成了一种习惯。我坐车时，只要听到车子稍有异音，就会对驾驶员说：“车子不对头，好像有问题。”但驾驶员基本上都会回答：“同平时一样，没问题。”显得毫不在意。

这就是“敏锐度”的差异。

人们都说“没变化，没问题”，而我说“不正常，有问题”。结果把车开到修理厂一查，发现轴承缺了一个弹子，这样的事例多得是。

这样一种细腻的“敏锐度”是在工作中“贯彻完美主义”必不可缺的。“敏锐度”太差，反应迟钝，即使产品已经提醒你发生了问题，提示你解决的办法，你仍可能不留神，而错过解决问题的最佳方法和时机。

同样，就工作现场的整理整顿，我也会不厌其烦，提醒员工们注意。

可以说这也是一个“敏锐度”的问题。

可能是了解了我凡事用心的习惯吧，现在即使我突然进到工作现场，那里一般都能保持整洁。

但有时我看到在办公桌上、检验台上摆放的资料不整齐，有的朝东，有的朝西，我就会感到非常别扭，因为桌子和纸张的形状都是长方形的，而资料却斜放或横放就会显得很不整齐。

“既然桌面是长方形的，资料的放置应当与它一致，才显得协调，否则，感觉就不舒服。资料摆放要与桌边对齐。”

我这样说了以后，凡是资料、笔架等斜放的，他们就都给调整过来，使之与桌边平行。

即使是物品放置这么细小的事情，也要给人一种整齐协调的感觉。

这在工作中也一样。

桌上的东西没放整齐，缺乏平衡感，心就静不下来——只有具备如此细腻的“敏锐度”，才能在问题发生时就很快意识到“不对头”，从而迅速采取对策，把事情做得完美无缺。

不是“最佳”，而是“完美”

京瓷创业大约20周年的时候，法国一家大企业斯伦贝谢公司的董事长詹恩·里夫先生来访日本。

斯伦贝谢公司在石油开采领域具备极其高超的技术，是一个非常优秀的企业。它能够使用电波测定地层状况，确定钻头接近石油层的适当位置。里夫董事长出身于法国的贵族名门，是当时法国社会党实力政治家们的好友，并一度成为法国政府内阁候选人，是很出色的人物。

里夫社长来日访问，忙中抽空，特地来京瓷拜访我。“所做的行业完全不同，这位董事长为什么找我？”我感到奇怪。一问才知道，原来他要来同我谈论经营哲学。

当时我不太了解斯伦贝谢公司和里夫董事长，但见面一谈发现，果然不凡，将公司办成世界屈指可数的大公司，这个人拥有出色的经营哲学。

我们虽然是初次见面，却是“情投意合”。后来，接受他的邀请，我还在美国与他再次会面，欢谈到深夜。

当时，里夫董事长谈道：“斯伦贝谢公司的信条就是尽力把工作做到最佳。”

对他这句话，我一方面表示赞赏，同时又讲了下面一段话：

“最佳”这个词，是同别人比较，意思是比较起来是最好的。这是一种相对的价值观，因此，在水平很低的群落里也存在着“最佳”。所以，我们京瓷的目标不是“最佳”，而是“完美”。“完美”同“最佳”不一样，它是绝对性的，不是同别人比较，而是它自身具备可靠的价值，因此，不管别人如何，世上没有什么东西可以超越“完美”。

这就是我的主张。

那天夜里，就“最佳”与“完美”，我和里夫董事长的讨论持续到深夜。最后，里夫董事长同意了我的意见。他说：“还是你说得对。今后我们斯伦贝谢公司不再把‘最佳’奉为信条，而是要把‘完美’作为信条。”

我所考虑的“完美主义”不是“更好”，而是“至高无上”。这就是我在工作中不断追求的目标。

体悟

让反省为『完美』画上句号

『竭尽全力、拼命工作』，再加上『天天反省』，才能为你的完美主义画上最美的句号。抑制『自我』，释放『真我』，让利他之心活跃起来，这样的作业就是『反省』。这样，我们的灵魂就会被净化，就会变得更美丽、更高尚。

第6章

働き方

『创造性』地工作：每天都要钻研创新

若只知步别人的后尘，则绝不能开拓新的事业。每天，哪怕很少一点，也要在『创造性的工作』上下功夫。

无论多么渺小的工作，都积极去做，抱着问题意识，对现状动脑筋进行改良。

不满足于现状，总想做得更好，总想不断提升自己，有没有这种“想法”或许就是产生“成功”与“失败”之间差距的根源。

每天一点的钻研创新，日积月累，今天比昨天进一步，希望做得更好，这种“上进心”是工作和人生中最重要的，也是进入真正的“创造”之门的秘诀。

敢于走“别人没走过的路”

“我们接着要做的事，又是人们认为我们肯定做不成的事。”

这是得过新闻界最高荣誉“普利策奖”的美国著名记者戴维·哈尔伯斯坦先生所引用的我说过的话。戴维在其所著的《下一世纪》一书中，专门用一章的篇幅，讲述了京瓷及其创业者，也就是我的故事。

他说，京瓷自创业以来，稻盛就以这样的气魄不断开发新产品，不断向新事业发起挑战。

确实，回顾我自己至今走过的人生，凡是人们都熟知的“走过的路”，我从未涉足过。昨天走过的路，今天再走一趟，或者去重复别人已经走过的路，这与我的天性不合。我总是选择别人没走过的新路，一直走到今天。

当然，这样的道路绝非平坦，因为谁也没有走过。

我常做如下比喻：

我行走在田间泥泞的小道，那不能称为路。脚底一滑就会跌入水田，蛇或青蛙突然出现吓我一跳，但我仍然一步一步向前走。无意间向旁边一瞥，那里铺装平整的大道上车水马龙。如果踏上那条路自然既舒服又方便，但我却凭着自己的意志，反而仍走那无人通行的泥泞小路，而且坚韧不拔地走到今天。

“铺装平整的大道”是大家都想走的、大家正在走的路。在那样的大路上跟着别人亦步亦趋没有趣味。若只知步别人的后尘，则绝不能开拓新的事业。

同别人干一样的事，很难期待获得出色的成果，因为那么多人走过的路上不会剩下什么有价值的东西。而无人涉足的新路，尽管寸步难行，却可以有许多新的发现和巨大的成果。我一直这么想，也就这样一路走来。

实际上，那些没人敢走的泥泞之路，行走虽然艰苦，却通向难以想象的光明灿烂的未来。

“扫地”改变人生

从京瓷创业到今天，半个世纪中，我充分利用新型陶瓷的特性，从各种产业用陶瓷零部件到各种半导体电子封装零部件，从太阳能发电系统到复印机、手机等，向广泛的事业领域持续地发起挑战。而且，后来又投入跨行业的通信事业，涉足宾馆事业等。

这并不是因为我具备各行各业的技术，而只是“每天不断进行创造性的工作”，半个世纪以来持续不断，如此而已。

每天，哪怕很少一点，也要在“创造性的工作”上下功夫。即使一天的进步微不足道，但若经过十年的积累，就一定可以孕育巨大的变化。

为了说明这一点，我常用“扫地”作为例子。比如，到昨天为止，打扫车间总是用扫帚从右到左扫。那么，今天从四周向中间扫扫试试会怎样呢？

或者，光用扫帚打扫不干净，用拖把试试怎样？用拖把效果不好，向上司建议，花点钱买台吸尘器如何？买吸尘器要花成本，但从长期看，可以节省时间精力。再进一步，自己改良一下吸尘器，让它扫地又快又干净，如何？

就这样，扫地这么一件小事，只要开动脑筋，就可以想出许多又快又好的办法。

这样天天钻研创新，积累一年，你就成了扫地专家，你的经验就会受到车间全体人员的好评。

这样的话，整幢大楼的清扫工作可能就会委托你负责。再后来，你就可以干脆成立清扫大楼的专业公司，并让它发展壮大。一切亦非不可能。

如果有另一个人，认为自己“不过是扫地而已”，懒于改进，天天都漫不经心，那么这样的人就绝不会进步，绝没有发展，一年之后还是老样子，仍然磨磨蹭蹭，还是扫地而已。

这样的事，不只限于扫地。

对工作和人生也完全一样。

无论多么渺小的工作，都积极去做，抱着问题意识，对现状动脑筋进行改良。能这么做的人和缺乏这种精神的人，假以时日，两者之间会产生惊人的差距。

不满足于现状，总想做得更好，总想不断提升自己，有没有这种“想法”或许就是产生“成功”与“失败”之间差距的根源。

每天一点的钻研创新，日积月累，今天比昨天进一步，希望做得更好，这种“上进心”是工作和人生中最重要的，也是进入真正的“创造”之门的秘诀。

外行的长处是可以自由发想

京瓷以及任天堂、欧姆龙、村田制作所、罗姆等，京都有一大批优秀的企业。这些企业的创业者原先都是各自领域的“外行”，或相当于“外行”的人。

拿我来说，我大学的专业是有机化学。在临近毕业前才学了一点与新型陶瓷相关的无机化学，所以我绝非这个领域的内行、专家。

因家庭电视游戏机而一举成功的任天堂，原先也只是做花纸牌、扑克牌的公司。推进公司快速发展的第三代社长山内溥，过去从没做过游戏机的硬件和软件，可以说在这个领域他也完全是个“外行”。

控制设备的大型制造企业欧姆龙也一样。战后，创业者立石一真在美国第一次看到“微型开关”，立即产生一种直觉：“今后日本也一定需要这种控制系统的产品。”以前，立石从没做过弱电用的产品，所以他创业开始时也是“外行”。

电子零部件企业的大家——村田制作所的创业者村田昭，原先在京都的东山，即瓷器“清水烧”的故乡做事。战时，军队要求他制造氧化钛电容器。他勇敢地向新事物挑战，这才有了今天的村田。

罗姆是一家颇具特色的电子零部件企业。创业者佐藤研一郎原先的志向在音乐。学生时代，因掌握了高效制造碳模电阻的技术，便以此为基础开始创业。从这个意义上讲，他也是属于“外行”的一位社长。

这样的共性并非偶然。

那就是：外行可以“自由发想”。

“外行”没有先人观念，不拘于既成的习惯、惯例，总能自由发想。这是向新事物挑战时最大的优点。

我认识到这一点，是在京瓷创业几年后的事情。当时，有一家陶瓷企业委托我们生产某种产品。这家企业创业比我们早，规模远远大于京瓷，是行业内日本屈指可数的大企业。

“因为从欧美来的新型陶瓷订单大幅增加，自己来不及做，所以请京瓷帮忙。”话是这么说，但经过进一步了解，他们的目的在于通过这种产品的生产制造，来学习京瓷的技术。

我断然拒绝。这时候对方的社长才说了老实话。这段话我至今记忆犹新。

我们公司的研究所里，名牌大学陶瓷专业毕业的优秀人才不少。说这话有点失礼，听说稻盛先生是地方大学有机化学专业出身，而且贵公司几乎没有博士。我们非常想知道，为什么贵公司能做的事，我们公司反而做不到。

听他这么讲我才意识到："自由发想"这件事是"外行"干的，不是"专家"干的。

成就新事业的，是那些不被任何成见束缚、冒险心强烈的"外行"，而不是在该领域经验丰富、具备许多常识、积累了许多经验的专家。从这位社长的话中，我获得了这一感想，并联想到各种事情。

希望诸位读者，也要"自由发想"，抱着强烈愿望，去挑战新事物。

既然定了计划，就一定要实现

我在 1982 年京瓷的经营方针发表会上提出了如下

口号：

实现新的计划关键在于不屈不挠、一心一意。因此，必须聚精会神，抱着高尚的思想和强烈的愿望，坚韧不拔地干到底。

这一段话，是从提倡积极思考的哲学家中村天风先生的著作中摘录的。

这段话的意思是：如果你期望实现新的计划，那么，不管遇到什么样的困难也绝不能放弃。必须全神贯注、全力以赴，用高尚的思想和强烈的愿望不断描绘心中的蓝图。这一点非常重要。只要做到这一点，那么无论什么困难的目标都一定能达成。

通过这句经营口号我想表达的是：在人的“思想、愿望”里面包含着成就事业的力量。特别是，如果这种“思想、愿望”是高贵的、美好的、纯粹的，并且是一以贯之的，那么，它就会发挥最大的力量，实现人们认为无法实现的计划和目标。

在人的“思想、愿望”里存在着巨大的力量。对于这一点，一般人感到难以理解，所以，他们新的计划建立不久，就开始担忧起来："市场环境不是在变吗？""或许会遭遇预料之外的障碍"。

"如果失败了怎么办？"

然而，一旦心中产生这种杞人忧天似的烦恼，产生哪怕一丝的不安和恐惧，那么这种"思想、愿望"所持有的力量就会大幅衰减，计划和目标就变得无法实现。

我打出这一口号之后两年，为了亲自证明人的这种纯粹的"思想、愿望"究竟可以成就多么伟大的事业，借以激励更多的人，我毅然投身于第二电电这一宏大的事业。

1984 年，随着通信自由化，京瓷和其他两家企业报名参与通信事业，新电电三家企业开始了竞争。这三家企业中，以京瓷为母体的第二电电，与其他两家相比，处于绝对的劣势，这是事前舆论的评判。

那是因为作为经营者，我自己就没有通信事业的经验，京瓷也缺乏通信技术的积累。其他两家分别可以利用现有的铁路和公路，在沿线铺设光缆，但京瓷却不得不单独开辟自己的通信网络，必需的基础设施只能从零开始构建。另外从营业角度讲，因为母公司京瓷的规模尚小，在获取客户方面也比较困难，等等。

但实际上，营业开始后不久，就在“这也缺，那也缺，什么都是劣势”之中，开张后的第二电电，在新电电三家企业中，取得了最为优异的成绩，一路领先。

这是因为第二电电虽然是“外行”，但是投入这项事业的“思想、愿望”却比哪家公司都要强烈而且纯粹。只要具备这种强烈而美好的愿望，事业所需要的技术和经验，此后就会源源不断地流入。

我揭示了一个纯粹的、合乎大义名分的目标：“降低通信费用，对信息化社会的国民做出贡献。”我决心创建第二电电。同时这个“思想、愿望”是不是真的高尚而且纯粹，我又用“动机至善、私心了无”这句话来严格地逼问自己。

“想创建第二电电”，这是为了“让自己成为更大的富翁吗”？是为了“让自己更加出名吗”？这是从私利私欲出发的愿望呢？还是从“为社会、为世人”，即从良知良心、不夹杂私心出发的愿望呢？我对照

"动机至善、私心了无"这八个字，连续几个月，不停地自问自答。

在确认自己"没有任何私心"以后，我才决心踏上第二电电的创业之路。

当时的京瓷在东京等中心城市是一个知名度很低的企业，销售额只有2500亿日元。这种微不足道的地方中坚企业，居然向销售额几万亿日元的国营企业NTT（日本电报电话公司）发动挑战，简直太莽撞、太不自量力了，正如堂吉诃德手持长矛冲向风车一样。社会上净是这样的讽刺和评论。

然而，我对这一事业的成功，从来没有丝毫的怀疑。因为我对人的"思想、愿望"所持有的巨大力量深信不疑。

活跃在20世纪初期的英国启蒙思想家詹姆斯·埃伦，在他所著的《原因与结果的法则》一书中，非常精彩地表达了这个观点：

心地肮脏的人因为害怕失败而不敢涉足的领域，心灵纯洁的人随意踏入就轻易获胜，这样的事例并不鲜见。原因是，心灵纯洁的人总是气定神闲，他们总是以更为明确、更强有力的目的和意识来引导自己能量发挥的方向。

我认为，只要抱着纯粹的、美好的、强烈的愿望，付出不亚于任何人的努力，那么，任何困难的目标都一定能够实现——这就是京瓷和第二电电成长发展的历史已经证明的“真理”。

“只要具备纯粹而强烈的愿望，就必定能成功！”相信这一点，自始至终怀抱一颗纯净而美好的心，付出不亚于任何人的努力，新的事业就一定能成功。

乐观构思、悲观计划、乐观实行

开拓新事业并让它获得成功的人，多数是天性乐观的人，他们能够开朗明快地描绘自己的未来。

“头脑里闪过这样的念头，按现在的情况实现的可能性不高，但要是拼命努力的话，一定能够成功。那么，干起来吧！”这种性情乐观的人容易接近成功。

因此，在推进看起来非常困难的新事业时，我经常起用这种“盲目乐观的，马大哈式的人物”。

他们虽然头脑简单、有点“马大哈”，但听到我新的设想时，马上就会天真地表示赞同：“这很有意思，一定得干！”甚至当场卷起袖管，跃跃欲试。我常常委派这样的人担任新项目的领头人。

头脑聪明的人中悲观论者居多。这些人头脑敏锐，自以为有先见之明，似乎在事情实行之前就能判断成败。因此，当和他们提到新的构想时，他们往往下消极否定的判断：“这很难”，“实现的可能性不大”。悲观派虽然有一定的先见之明，但他们的消极态度往往抑制了项目的实行力和推进力。

而乐观派正好相反。虽然看到前景中有暗淡处，但他们却有前进的动力。所以在项目构思和开始阶段，我会借用乐观派的力量，让他们当牵头人。但是，当这种构想进入具体计划时，再全部委托乐观派就很危险。因为乐观派的动力容易失控、陷入莽撞，或误入歧途。

这时就要委托性格谨慎、深思熟虑、对事物善于观察的人当副手，事先设想到所有的风险，慎重细致地建立起实际的行动计划。

不过，一味谨慎也不行。

这些人在设想的困难和障碍面前，往往鼓不起实施的勇气，所以计划一旦进入实行阶段，又要回到乐观论，必须采取坚决果断的行动。

“乐观构思、悲观计划、乐观实行。”我认为，这就是向新课题发起挑战最好的方法。

将创造发明导向成功的“正确的地图”

新型陶瓷技术革新的先驱——给予我这一光荣的称号，我觉得过奖了。如果说，我能获得如此之高的评价，我认为，那是因为我对新型陶瓷寄予的期望特别强烈的缘故。

在技术开发领域，要取得革命性的成果，光有专业知识，光积累技术还不够，还必须对工作具备强烈的“愿望”。特别是在未知领域开拓事业，“无论如何，一定要把这样的东西做出来”，这种强烈的愿望绝对必要。

具备了这种强烈的愿望，在未知领域遭遇意想不到的困难时，才能克服它，才能将工作向前推进。其结果，就能超越常识，做出划时代的发明创造。

如果要打比方，所谓技术创新，所谓发明创造，就像没有指南针的小船航行于漆黑的大海之上。在伸手不见五指的海面上，要保持正确的方向，要顺利到达目的地，所必需的就是对工作的强烈愿望。

漆黑一团之中，没有灯塔，连星光也没有，没有任何办法可以确定前进的方向。小船该驶向何方，困顿迷惑，甚至因为恐惧，不敢前进一步。但如果陷于迷惑、束手无策，就必定无法前进。因此，在开拓前人未涉的领域时，在自己的心中，必须具备指引方向的指南针，借以坚定前进的信心。所谓心中的指南针，就是类似于

“信念”的强烈愿望。

在新型陶瓷这个行业内，京瓷是最后出发的。开始时，技术、设备、人才都不足，所拥有的只有“愿望”。但是，京瓷的发展证明，只要有这种“愿望”，只要这种“愿望”足够强烈，就足以克服任何不利条件，达到预定的目的地。

当然，划时代的发明创造，不是只要一两年就能轻易做到的。有时即使10年、20年也达不到预定的目标。但是，如果因此半途而废，那么，任何新事业都不可能成功。

而强烈的愿望，就是在达到成功之前绝不放弃，一步一步前进，天天钻研创新，日积月累。所谓强烈的愿望，就是靠这种执着的努力来支撑。

京瓷以新型陶瓷的结晶技术为基础开发的太阳能电池就是一个突出的例子。取得今天的成功，我们花费了将近30年的时间，但现在它已经成为京瓷的主力事业。

就是说，“无论如何也想这么干”这种强烈的愿望是事业的起点。“不管怎样也要继续干下去”这种持续不断、不知疲倦的努力、钻研和创新，就是事业成功的推动力。

一步一步踏实的工作，一段一段扎实的业绩，积累3年、5年乃至10年，就像乌龟爬行一样，就一定会帮助你取得成功。就算别人说你“泥土气”“没效率”，你也绝不能退缩。

有时，拼命、踏实、持续努力的人自己也会产生怀疑：“这么干下去，到底能成何事？”

这时候我就想对他们说：

天天不懈努力，钻研创新，这就是到达技术革新终点的“正确的地图”，就是通向成功的确凿的道路。

事实上我自己就是这样。

我没有可以夸耀的高学历，上苍也没有赋予我杰出的才能。我努力去喜欢自己的工作，强迫自己投入到新型陶瓷的研究中去。在这个过程中，我对新型陶瓷真的产生了兴趣，不知从何时起，就一头钻了进去。

后来，按照客户的要求，我一心一意、踏实努力，不断钻研创新。因此，不仅经营的企业在新型陶瓷领域内首屈一指，而且我本人也成了这一领域的专家，从产、官、学各方面都获得了很高的评价。

我意外获得了“新型陶瓷先驱者”的荣誉，但回顾自己的人生，首先浮现在我头脑里的就是“天天钻研创新就能孕育真正的创造和成功”这句话。这实在是太过平凡的经验。

即使每一天的努力和钻研创新只有很小一点点成绩，但是，如果积累 1 年、5 年、10 年，那么进步之大就极为可观，最终就能获得惊人的创造性的丰硕成果。

改善与改良最重要

即使是平凡简单的工作，只要不断地钻研创新，也会带来飞跃性的进步。在每天的工作中时刻思考『这样做是否可行』，带着『为什么』的疑问，今天胜过昨天，明天胜过今天，持续不断地对工作进行改善与改良，最终一定能取得出色的成就。

体悟

结语

働き方

人生·工作的结果
=思维方式×热情×能力

只要拼命努力就可以弥补能力的不足，从而取得巨大的成功。

要度过幸福的人生，要把工作做到最好、事业做到最大，就无论如何必须具备正确的、正面的『思维方式』。

诸位读者，我也希望你们持有正面的“思维方式”，满怀“热情”，付出不亚于任何人的努力，把自己所持的“能力”最大限度地发挥出来，正面面对自己的工作，把工作做得更出色。

如果能做到这些，我可以保证，你们的人生一定会硕果累累，一定会幸福美满。

做人的“正确的思维方式”

我的工作观乃至人生观可以用一个方程式来表达，它就是：

人生·工作的结果 = 思维方式 × 热情 × 能力

为什么会想出这个方程式呢？

因为我初中升学考试、大学升学考试、就职考试，每次都不理想，志愿都落空。所以参加工作以后我就不断思考：“像自己这样平凡的人，如果想要度过一个美好的人生，究竟需要什么条件？”

同时，观察周围，既有工作和人生都很成功的人，也有很失败的人。看到这种情形，我就想：“为什么有的人人生和工作都很顺利，有的人却不顺利，这中间有没有什么法则可循？”

这样，在京瓷创业后不久，我就想出了这个方程式。此后，我就遵循这个方程式努力工作，在人生道路上不断前进。同时，不仅我自己努力实践这个方程式，而且一有机会我也会向员工们解释这个方程式的重要性。

这个方程式由“能力”“热情”“思维方式”三个要素组成。所谓“能力”，就是指智能、运动神经或者健康等，这是由父母或上天给予的。带着优秀的资质来到这世上，在漫长的人生中，这是最初被给予的一笔重要的财富。

但是，由于它是先天的，所以不涉及每个人的意志和责任。这种可称为天赋之才的“能力”，如果用分数来表示，就因人而异，从“0 分”到“100 分”。

要在这个“能力”之上再乘以“热情”这个要素。“热情”又可称为“努力”。从缺乏干劲、霸气、朝气、懒散潦倒的人，到对人生和工作充满火焰般热情拼命工作的人，这中间也有个人的差别，也从0分到100分。

不过，这个“热情”可以由自己的意志决定。

我把这个“热情”发挥到极致，持续做出了无限度的、不亚于任何人的努力。从创建京瓷到今天为止，我从“付出加倍于人的努力，至少能达到一般人的水准吧”这一想法出发，全身心投入，不分昼夜地工作。

我把这个“能力”和“热情”的乘积用分数来表示。

比如某人很健康，头脑聪明，“能力”打90分。但他因为有能力而过分自信，不肯认真努力，“热情”只够30分，那么，“90分的能力”乘以“30分的努力”，结果是2700分。

另一个人认为自己的能力至多只比平均值略高，只能打60分，但因为缺乏能力所以必须格外努力，因此热情燃烧、拼命努力。他的“热情”可打90分，那么“60分的能力”乘以“90分的努力”，结果就是5400分。

这就是说，同刚才那位有才能的人物相比，分数高出一倍。所以，即使能力很平凡，但只要拼命努力就可以弥补能力的不足，从而取得巨大的成功。

此外，还需要在这个基础上乘以“思维方式”。我认为，这个“思维方式”最为重要。与“能力”和“热情”不同，“思维方式”的分值从“–100分”到“100分”，变化的幅度很大。

不厌辛劳，愿他人好，愿为大家的幸福而拼命工作，这样的“思维方式”就是正值；相反，愤世嫉俗、怨天尤人，否定真诚的人生态度，这种“思维方式”就是负值。

如果是这样，那么因为是乘法，持有正面的“思维方式”，人生·工作的结果就会是一个更大的正值。相反，如果持有负面的“思维方式”，哪怕是很小的负数，乘积一下就成了负值，而“能力”越强，“热情”越高，反而会给人生和工作带来更大的负面影响，这是无情的事实。

拿刚才的例子来说，具备“60分能力”和“90分热情”的那个人，如果他持有作为人的正确的“思维方式”，并达到90分，那么方程式的值是60乘以90再乘以90，乘积为486 000分，是一个很了不起的高分。

相反，如果“能力”和“热情”的分值相同，“思维方式”只是稍稍偏向否定，比如仅是–1分，那么，乘积立即变为–5400分。如果是负面的–90分，即“思维方式”极其恶劣，那么最终得分就是–486 000分，他的人生将会是悲惨的下场。

最近就有一些风险企业的经营者，他们才华出众、热情洋溢，创建的企业一举上市，就获得了巨额财富。然而，他们以为“金钱可以买到一切”，逐渐变得旁若无人、一意孤行，最终失足落马，顷刻从华丽的舞台上消失，受到社会的制裁。这种人失败的原因就在于“思维方式”变成了负值。

我认为，这类负面的“思维方式”如果不改正，不管你有多少财富，你都不可能有幸福的人生。

要度过幸福的人生，要把工作做到最好、事业做到最大，就无论如何必须具备正确的、正面的“思维方式”。

如今，回顾自己70余年的人生，我可以向大家断言，这个“人生方程式”，真实地、准确地表述了我们的工作和人生，它可以成为指示方向的路标，引导我们度过更加美好的人生。

诸位读者，我也希望你们持有正面的“思维方式”，满怀“热情”，付出不亚于任何人的努力，把自己所持的“能力”最大限度地发挥出来，正面面对自己的工作，把工作做得更出色。

如果能做到这些，我可以保证，你们的人生一定会硕果累累，一定会幸福美满。

在本书结束的时候，作为结束语，我想向大家介绍，给工作和人生带来硕果的正确的“思维方式”有哪些内容：

积极向上、具有建设性；善于与人共事，有协调性；性格开朗，对事物持肯定态度；充满善意；能同情他人、宽厚待人；诚实、正直；谦虚谨慎；勤奋努力；不自私，无贪欲；有感恩心，懂得知足；能克制自己的欲望，等等。

对人类的未来承担重任的年轻的读者们，衷心祝愿你们通过持有上述正确的“思维方式”，通过努力工作，走上人生幸福的光明大道。

附录

干法：经营者应该怎样工作[1]

稻盛和夫盛和塾塾长

[1] 2014年7月31日在杭州报告会上的演讲。

我是刚才承蒙介绍的稻盛。

由稻盛和夫（北京）管理顾问有限公司主办的稻盛和夫经营哲学杭州报告会有这么多的中国企业家参加，还有许多日本盛和塾的塾生参加，在此，我表示衷心的感谢。同时，我还要感谢为筹办这次大会付出极大努力的杭州盛和塾的朋友们。

从2010年开始，我就想在这个经营哲学报告会上，系统地讲解我的经营思想和经营方法，这是在长达半个世纪的经营实践中，我亲身体悟的心得。

从北京报告会讲解“经营为什么需要哲学”开头，在青岛讲了“经营十二条”，在广州讲了“阿米巴经营”，在大连讲了“京瓷会计学”，在重庆讲了“领导者的资质”，2013年在成都又以“企业治理的要诀”为题，讲述了如何激励员工的问题。

通过这些讲演，我强调了在企业经营中哲学的重要性，企业经营的原理原则，讲述了有关企业管理的思维方式和组织架构，还讲述了企业的领导者以及员工各自应该承担的责任和应该发挥的作用。

在这一系列讲演之后，今天我想以“干法”为题，谈一谈执掌企业之舵的领导者，即经营者应该怎样工作的问题。

自己尽可能轻松，驱使员工卖命，借此赚大钱、发大财，这样的经营者大有人在。

还有，创办新型风险企业，通过上市一攫千金，然后年纪轻轻就退出江湖，休闲享乐。这样来定位人生目的的经营者，不论在哪个国家都为数不少。

我认为，如果像这样，只把赚钱和享乐当作人生目的，那么，从结果来说，经营者自己并不能获得真正的幸福，企业也不可能持续成长发展。社会总是期待经营者具备更为高尚的人生目的。

迄今为止，我在中国的讲演中所论述的经营的原理原则，经营管理的思维方式和组织架构，能不能正确地发挥作用，很大程度上取决于从事实践的经营者的干法，或者说取决于经营者的工作目的到底是什么，因此，从这个意义上说，为了让在座各位，作为经营者，能成大器、做大事，我觉得也有必要请大家重新认识工作的意义。

那么，经营者具体应该怎么工作？还有，经营者究竟为什么而工作？我想按着这个顺序讲下去。

首先，理所当然，经营者必须将他的事业引向成功。**无论是创建风险企业，还是继承原有的事业，让事业走上轨道，促使它成长发展，乃是经营者的第一要务。**

这个出发点，就是要**抱着“无论如何也要让事业成功”这种强烈的愿望去工作，在这一点上做到极致。**这种强烈的“意识”类似于格斗时必须具备的“斗争心”。缺乏这种“斗争心”的人，首先就不适合当经营者。相反，只要具备这种“意识”，哪怕资金、技术、人才不足，都可以靠热情和执着的信念加以弥补，就可以让事业获得成功。

大家或许认为，仅仅依靠“意识”，事业不可能成功。然而，在“意识”里秘藏着巨大的力量。一般认为，逻辑演绎、推理推论、构思战略，就是说使用头脑“思考”最重要。心中“意识”到什么，不是多么了不起的事情。但是我相信，心中的“意识”的重要性，要远远超过用头脑进行的思考。在我们的人生中，“意识”所具备的强大的力量是其他任何东西都无法比拟的。

“意识”是人们一切行为的根源和基础。证明这一点的，就是现代文明社会所走过的历程。

原始的人类采摘树上的果实，捉鱼捕兽，依靠采撷狩猎的生活方式与大自然共生。此后，大概在一万年之前，人类开始拥有了自己的生产手段，借此种植谷物，饲养家畜，以供食用，由此进入农耕畜牧的时代。在采撷狩猎的时代，人类仅靠自身的意志无法生存，但依靠农耕畜牧，人类开始摆脱自然的束缚，可以按照自己的意志生活下去。

之后，距今约250年前，英国发起了所谓产业革命，蒸汽机的发明让人类掌握了驱动力。从这个时候开始，发明创造接二连三，科学技术的进步日新月异，令人眼花缭乱。这才构筑了如此壮观、如此富裕的现代文明社会。而这一切只用了短短的 250 年的时间。

就是说，现在的文明社会发端于产业革命，依靠的是科学技术的发达。那么，科学技术为什么能如此发达呢？不用说，其本源就是我们人类原来就具备的“意识”。

“想这么干”“如果有这个东西那就方便了”“如果有这种可能性就太好了”，这一类“意识”“念头”，会在我们每个人的心中浮现。比如，迄今为止，我们都是步行或者奔跑，那么有没有更加快速、更加方便的移动方法？“很想乘坐新式的交通工具”，这类“意识”“念头”会像梦一样在我们的心中升起。

这如梦般的“意识”会转变成强烈的动机，然后付诸实践，人们开始着手制作新的交通工具。首先用头脑构思，接着努力试做，然后再思考，深入地思考，不断钻研改进，经过反复的失败，最后造出了各种各样的交通工具。有人设计制造了自行车；有人发明了蒸汽机车，后来演变为电车；有人发明了汽车；有人造出了飞机。

发明创造某种东西，在具体实施时，必须用头脑思考，必须进行研究。但其发端却是突然在心中浮现的“念头”。一般说来，“念头”这种东西往往受到轻视。常听人说：“不要凭念头、不要凭心血来潮做事。”但实际上，这个“念头”才是最重要的，现代科学技术，一切发明创造的起源，都发端于这个“念头”。

这在企业经营中也完全一样，经营者心中强烈的“念头”可能变为现实。

说到这里，我想起了一个故事。“首先你必须得这么想”，就是说愿望非常重要。我年轻时就从松下幸之助先生那里学到了这一条。

京瓷创业时，在企业经营上我是外行，我很想从成功的企业家那里学到经营的秘诀。当时正好拿到了松下幸之助先生讲演会的邀请书。我很迫切地想知道，被世人称为“经营之神”的松下先生究竟是用什么思想经营企业的。我提出申请，满怀期待，赶赴讲演会场。

当天因工作关系我迟到了，我在会场的最后面一排，站立着听讲。

“经营企业，在景气好的时候，不要以为景气会一直好下去，要考虑到经济会出现不景气，在资金有余裕时要做好储备。就是要像蓄水的水库一样，经营企业要为不景气时做准备。”

松下先生讲的主题是：大量降雨，如果任其流入江河，就会引起洪水泛滥，招致大水灾。所以先要让河水流入水库，然后按需要放水，这样不仅可以遏止洪水，干旱时还可以防止河水断流，这样就有效地使用了雨水。这种治水的思维方式应用到企业经营上。就是所谓“水库式经营”。

讲演结束后，松下先生开始回答听众的问题。后排有人举手提问：“您所说的水库式经营，就是经营必须有余裕、有储备，我们都明白，松下先生就是不说，我们中小企业的经营者也都懂得这一点，也都这么想，但正因为做不到，我们才感觉苦恼。究竟怎么做经营才能有余裕？如果不教给我们具体的方法，我们不满意，不好办。”提问中夹杂着抗议的味道。

那一刻，松下先生脸上露出了非常困惑的神情，沉默片刻，他轻声地自言自语，只说了一句话：**“不！你不想可不行啊！”**然后又保持沉默，听众以为松下答非所问，所以哄堂大笑。当时的情景我记忆犹新。

但是，就在那一瞬间，我感觉犹如电流通过我的全身。“你不想可不行啊！”松下先生嘟囔似的说出的这句话中，包含了万种思量，深深地打动了我的心。

“你不想可不行啊！”这句话，松下先生想传递的意思是：

“你说你也想让自己的经营有余裕，但怎么做经营才能有余裕，方法千差万别，你的公司一定有适合你公司的做法，因此我没法教你，但经营企业绝对要有余裕，你自己必须认真去想，这个‘想’才是一切的开始。”

就是说，“如果可以的话就好了”凭这种程度的、轻浮的想法或愿望，要达成高目标，要实现远大理想是根本不可能的。经营要有余裕，你是不是发自内心、真正这么想，这是关键。如果你真心这么想，你就会千方百计、拼命思考具体的办法，水库就一定能建成。松下先生想说的就是这个意思。

前面已说过，“无论如何非如此不可”，人如果强烈地祈愿，那么他这种“意识”一定会化作行动，他就会自然而然地朝着这种意愿实现的方向去努力。当然，这种“意识”必须非常强烈。

不是漫不经心，而是“不管怎样、无论如何都要这么干”“非如此不可”，必须是这种强烈的意念支配的愿望和梦想。要获得事业的成功，其前提就是要具备这种强烈而持久的愿望。

抱有了这种强烈的愿望，接着就只有“付出不亚于任何人的努力”这一条了。努力的重要性众所周知。另外，如果问：“你努力了吗？”几乎所有的人都会回答：“是的，我努力了。”

但是，普通程度的努力不管你如何持续，你也不过是付出了与普通人一样的努力，你只是做了理所当然的事。这样的话，成功是没有把握的。只有付出不同寻常、不亚于任何人的努力，才能在竞争中脱颖而出，才可期待获得巨大的成果。

“付出不亚于任何人的努力”这句话非常关键。在工作中想要做成某件事情，就要不惜付出无穷无尽的努力。不肯付出超越常人的努力，却想获得很大的成功，那是绝对不可能的。

这么说，人们就难免误解，好像“付出不亚于任何人的努力”是一件特别的事，是一个沉重的话题，做出无限度的努力似乎是一味苛刻地要求我们自己，但事情绝非如此。

放眼自然界，不管什么动物、什么植物，不在拼命求生存的物种并不存在。只有我们人类才会心怀恶念，贪图享乐。

初春时分，我在京都的自家附近散步。在城墙的石缝中有嫩草出土，走近细看，石块和石块的缝隙之间，只有一点点泥土，但就在这少得可怜的土壤中，草儿拼命吸取春天的阳光雨露，萌生出它的嫩芽。

此后，春季只持续短短的几周，抢在这期间，草儿接受阳光的恩泽，匆匆地长叶、开花、结籽。如果不这样，等到夏天来临，石壁在灼热的阳光曝晒下，温度急速上升，草儿就会枯死。所以赶在酷暑到来之前，草儿必须竭尽全力、拼命生长，以便留下子孙，然后枯萎。

在柏油马路的缝隙中长出的、连名字也不为人知的杂草，它们的命运也一样。在水分极端缺乏的、地狱般炎热的环境中，各种各样的杂草都挣扎着拼命求生，希望比别的杂草获得更多的阳光，以便长得更大些，为此，它们拼命扩展草叶，伸展草茎，为生存而竞争。

不是为了击败对手而拼命，而是为了自身的生存而拼命努力。自然界原本就是这么形成的，**不拼命求生的植物绝不存在，不努力的草类无法生存。**

动物也一样，如果不拼命求生存必将灭绝，此乃是自然界的铁则。只有我们人类，谈到要“付出不亚于任何人的努力”“要拼命工作”，反而觉得很特别，很难接受。

这不对！不仅是为了获得成功必须勤奋努力，就是为了生存也必须“付出不亚于任何人的努力”。这乃是自然的法则。

为什么自然或者上天会按照这种法则来创造世界？别的生物“付出不亚于任何人的努力”是上天赋予的本能。但是我们人类却必须依靠自己觉悟，才能明白这个道理。我认为，特别是我们经营者，必须自觉地意识到拼命工作是上天赋予我们的使命。这与“经营者为什么而工作”这一根本性的问题相关联。因此，接下来，我就想论述关于经营者工作目的这一问题。

当我还是一个青年经营者的时候，我一边“付出不亚于任何人的努力”工作，一边又觉得充当我这样的角色很是吃亏。越是全身心投入工作、越是光明正大地经营企业，越觉得不划算，像我这样的、付出和收获不相称的工作世上恐怕没有吧。我真的这么想过。

股份公司和有限公司本来只应该承担有限的责任，但实际上却并非如此，特别是中小企业，在日本，当需要向银行贷款的时候，银行会说：“你是社长，贷款需要你个人做担保。”社长必须拿出自己的土地、房产作抵押，才能取得贷款。一旦经营失误，不仅公司破产倒闭，而且用作担保抵押的房屋、土地也可能被金融机构收走。

一方面要背负这种倾家荡产的风险，另一方面因为要光明正大地经营企业，所以在规定的工资之外没有其他收入，也没有什么特权或好处。另外，尽管责任重于山，有时却还要受到员工的猜疑："社长背着我们拿了很多好处"。社长就是在这样的环境中每天忙个不停。这样想来，经营者真的不好当，吃力不讨好。我就曾经这么想过。

我甚至想过，既然社长要负如此大的责任，工作又是如此辛苦，获取更高的报酬那不是理所当然的吗？

我记得，京瓷公司在大阪证券交易所上市时，公司的税前利润已达20亿日元，而我当时的年薪只有区区数百万日元。

"一年做出20亿日元利润的企业的创业者、经营者，年薪只有数百万日元，未免太低了。哪怕一个月工资100万日元，一年也不过1200万日元，只占利润额的很小一部分。京瓷是以我的技术和才能为基础创立的公司，现在获得20亿日元的利润，也是依靠我作为经营者发挥力量的结果。”

当时我头脑中突然冒出过这样的想法，但那时我又纠正了自己的想法。我想，我应该将自己经营者的才能用来为大家服务，上天要求我发挥这样的作用。

我能成为经营者，或许在我身上真的拥有某种才能。但是，我具备这种才能并没有任何的必然性，不过是上天偶然地赐予了我这样的才能。为了社会的正常运转，有能力的人应该成为领导者。我只是作为其中一部分责任的承担者，才当上了经营者。如果担任这个职务的不是我，而是 A 先生或者 B 先生或者别的什么人，也未尝不可。

因此，我不可以将上天给予我的才能变成自己的私有财产。在社会结构中，需要有这样的领导者，为了使社会变得更好，他们必须用自己的才能来回报社会。自己承担这样的职责，也许是命运的安排吧。但因此就把才能视为自己的东西，把它当作私有财产，“是我了不起”，自命不凡，采取这种态度，就是傲慢不逊。

“如果自己某种程度上拥有经营者的才能，那么就

应该为了伙伴们的幸福，站在前头努力拼搏。”这样一种使命感不久后就塑造了我的人生观。

然后，自创业起经过了约20年，针对持续高成长、高收益的京瓷公司，同时针对我这个掌舵人，许多媒体的朋友都提出了这样的疑问：“你到底为了什么还要如此拼命地工作？”

不仅是媒体，连亲戚朋友们也追问我：“你在短短20年间创建了如此优秀的企业，销售额已经达到几千亿日元，利润已经达到几百亿日元，从利润额来看，即使在日本的电器厂商中也已经名列前茅。已经取得了如此卓越的成就，你到现在仍然废寝忘食、拼命工作，让自己稍微轻松一点不好吗？你这么干的目的究竟是什么？”

还有人说得更难听，他们讽刺说：“已经赚了几百个亿，还不知满足，真是一个贪得无厌的人！”然而，我工作的目的既不是为了我自己的利益，也不是为了京瓷公司的利益。

记得当时，对媒体、对熟人和朋友，我说了这么一段话：**“驱使我想要提升公司业绩的原动力只有一个，就是希望员工们在未来的日子里，永远生活安定、永远幸福**。为了打好这个基础，就要提升销售额、确保利润。”

“想要扩大销售额，就要增添新员工，员工增加，我就要解决包括员工及其家属的吃饭问题，于是我就愈加不安。因为不安，所以要通过开发新产品来提升销售额，于是人手又不够，就又要招募新员工。可以这么说吧，正是在这没有止境的不安和焦躁之中，公司才不断成长壮大，达到了今天这样的规模。”

“或许你会想，既然不安增加，那么停下来，到此为止不就行了吗？但是，当觉得‘到此为止就行了’的那一瞬间，企业就会开始衰落。所以我想，京瓷公司只要继续存在，在这种互相矛盾的、无止境的循环中，为了员工长远的幸福，除了付出无止境的努力之外，我别无选择。”

当我这么回答时，媒体的朋友以及我的亲朋好友们都会笑着注视我。但是我内心就是这么想的。不提发展，哪怕只是维持现在良好的业绩，也绝不是一件容易的事，我心里清楚。

为什么呢？因为不管现在如何顺畅，5 年、10 年以后会怎样，谁也不知道。现在是过去努力的结果，将来如何由今天的努力决定。如果是这样，那么就容不得经营者有片刻的懈怠。像“努力至今，已经够好了”之类的话，实在说不出口。

现在的这连续的一瞬间，都与未来相关，都左右着未来的结果。这不仅涉及我个人，而且关乎全体员工，决定了他们将来的生活。所以，“停下来歇歇吧”的想法不能允许。现在做得越好，就越需要维持良好的状态。我十分清楚这一责任，我必须更加努力。

今天加油，明天加油，必须持续无止境地努力，想到其中的苦处，年轻时代我也曾陷入过迷茫。

某个时候，我这么想过：当奥运会选手该多轻松啊！当然，成为奥运会运动员是非常困难的事，一旦被选拔上，就会受到人们的赞赏，当事人也会感到自豪。这确实很了不起。

要成为一名奥运选手，拥有运动天赋自不用说，还需要付出非同寻常的努力。但是奥运会四年一次，运动员只要瞄准这个目标而拼命努力就行了。相对而言，这还比较简单。

但是，经营者却必须维持企业10年、20年、30年、40年的繁荣兴旺，必须为此兢兢业业、孜孜不倦。在这期间不能有丝毫的自满和懈怠。比起经营者的这种艰辛，当奥运会选手让我感觉轻松多了，因为不管多么艰苦，总有尽头。但经营者的努力却绝没有止境。

2014年4月，京瓷迎来了创建55周年。关于“必须付出无止境的努力”这一话题，在京瓷成立20周年的纪念典礼上，我曾经这样表述：

我认为，经营企业好比登山运动员登山，朝着极远、极高的山顶攀登。在登山的那一刻，是以眼前能够看到的山顶为目标，一旦登上这座山的山顶，就会看见山脊相连的另一座高山，再登上这座山，还会看见下一座山，连绵不断。这种情形正和企业经营一样。

创业20年来，我们登上一座山就看到下一座山，再登上一座山又看到下一座山，连绵不绝。我想，能实现我们远大梦想的高山还在更加遥远的地方。

当年我做了这样的描述。是的，我们经营者只能朝着那无尽的高山持续不断地攀登。那么，这样无止境的努力为什么能够持续？这是因为，我前面已经谈到，我工作的目的是“为了追求全体员工物质和精神两方面的幸福”，无非就是这个原因。这写在了京瓷公司的经营理念之中。

人生的目的放在何处，人生观就会随之改变。有的人把人生目的放在增加财富和利益上，有的人想要名誉地位。如果用具体的数字或职务来表达这种目的的话，一旦目的达成，他们就会失去前进的方向和动力。

一开头我就讲到，有的年轻人创办风险企业获得成功，一攫千金的目标实现了，就无事可干了，接下来的人生就是享乐，靠享乐消磨时光。

当然，“想要赚钱”这种强烈的愿望本身绝不是坏事。事业开始的时候，缺乏“无论如何必须成功”的强烈愿望是不行的，“要过上富裕的生活”这种愿望也是成功很大的原动力。

我认为，第二次世界大战后的日本之所以能成为经济大国，如今的中国之所以能够成为世界第二经济大国，其原动力就在于每一位国民追求富裕的愿望。

但是，为了让已经成功的事业长期持续地发展，就不能把“只想赚钱”这一经营者的个人愿望作为事业的目的。如果把这种个人目的当作事业的最终目的，那么，一旦获得成功，经营者就不会再拼命工作了。这样的话，就会让在那里工作的员工们陷入不幸。

经营者不仅对员工的幸福负有责任，而且对为公司出资的股东，对买公司的产品、接受公司服务的客户，包括对公司的事务所及工厂所在地区的民众，对与公司有关的所有人的幸福都负有责任。

并且，这个幸福不是“只要现在好就行”这种短暂的幸福。如果想让企业持续发展、不断取得良好的业绩，从而让相关人员都获得幸福，那么就要付出无止境的辛劳。反过来说，如果把这些作为工作的目的，那么就不会产生“我已经达成目的了，可以满足了，可以高枕无忧了”这类想法。

刚才我也提到了，京瓷迎来了创立55周年纪念。在这55年间，京瓷不断成长，实现了持续发展。现在，京瓷集团的销售额约1.4万亿日元，利润约1500亿日元。也就是说，京瓷已经成长为一家优秀的企业，并且从创业至今的55年间，没有出现过一次赤字决算。在这55年间，有过各式各样的经济变动，遇到过无数次自己都不知该如何解决的困难。即使在这样的环境下，我仍然拼命工作，坚持努力经营公司，才使得京瓷一次都没有出现过赤字。

正如我之前所说，京瓷已经成长为一家十分优秀的企业。另外还有一家我在年轻时创立的现在称为KDDI的公司。这两家集团公司加起来，年销售额已接近6万亿日元，年利润超过8000亿日元。按理说，作为创建了“仅一年就有6万亿日元销售额，利润高达8000亿日元”的两大集团的负责人，我或许可以过得更轻松自在一点，或者跟某些人一样，生活过得奢侈一点，那也不会遭到什么报应，但我自己却无法心安理得。

即使现在也是这样，除了工作上的宴请之外，我极少去宾馆饭店享受高档的菜肴。花几万日元吃一顿饭，对于我来说，经济上根本算不了什么，但我自身很抵触这样做，因为我感到害怕。不是因为缺钱而怕，我是怕自己养成沉溺于奢侈的习性，那种每晚都大肆挥霍，享用高价菜肴却能心安理得的心理让我觉得很可怕。

有人稍微获得一点成功，就常去宾馆大吃大喝。耳闻目睹这种现象，我心里就会生出疑问。我想他们在创办公司之初也是倡导俭朴的，后来成功了，阔绰了，觉得奢侈一点也无所谓，反正经济上承受得了，他们因此就学会了奢侈浪费。

但是，我却无论如何也奢侈不起来，**一旦奢侈，就会傲慢**，我一直这么告诫自己，我想这已经成了我的习惯。

我在京都有自己的家屋，但我实际使用的不过是我的寝室、书房以及一楼的起居室而已。在家时，通常都会坐在有电视的起居室里，没什么安排时，就会看书、看电视，无所事事度过一天。

我曾经跟随禅宗的僧人修行。禅宗的僧人们常说：

“起身半张席，躺下一张席。”人过日子，家不须太大。看看我自己就是这样，在家时大体都坐在起居室，空房有好几间，基本都不用。

我的妻子同我一样，也是一个非常俭朴、拒绝奢侈的人。她不舍得丢东西，结婚以来，穿过的、用旧了的鞋子、衬衣、裤子全都留了下来。从这个意义上讲，所谓夫妻相、性格像，从过去到现在，家庭的生活方式没有发生什么变化。我觉得从结果上来看，这也让我能够始终保持谦虚的态度。

人一旦成功，总会骄傲。即使过去是十分谦虚的人也会变得傲慢起来。这样的话，他的人生观也会随之不断变化。一般人都是这样。

同时，随着人生观、思维方式的变化，企业的业绩也会下降。迄今为止，我目睹了许多这样的事例，不少才华横溢的经营者如流星般闪现又迅速坠落。我想无非是因为他们经受不住成功的考验，人格、人性、思维方式发生消极变化的结果。

从这个意义上说，我认为，**让成功持续的所谓“干**

法”，最重要的一点就是“无私”，就是抱着无私之心去工作、去做事。

地位越高、权力越大，只要下命令，什么事情都可以干，特别是企业的最高领导者，没有人能够制约他，因为他手中握有人事任免权这种绝对性的权力，所以哪怕他乱干胡来，别人也难以阻止他。

其中有的经营者公私混同，连个人的私事也会让员工去干。这种人格不成熟的人本来没有资格坐上经营者的位子，也可能他原先也是一个优秀的人物，只是坐上权力的宝座以后，才麻痹了他的神经。

以前曾有盛和塾的塾生问我：“当社长最重要的事情是什么？”关于“社长要诀”我作了如下阐述：

第一，社长必须设置严格区分公和私的界限，就是说绝不能公私混同，特别是在人事问题上，不可有丝毫的不公平。

第二，社长对企业要负无限大的责任。为什么？因为企业本是无生物，而向企业注入生命的唯有你社长一人。企业是否充满生机，取决于你以多大的责任感将自

己的意志注入企业之中。

第三，社长的存在既然如此重要，社长就必须将自己整个人格、将自己的意志注入企业中去。

要诀还有若干条，但开头这三条说的是："经营者不可有一丝一毫的私心"，就是强调了无私的重要性。

在我当社长的时候，我常说这样的话：作为社长，我虽然也是稻盛和夫个人，但放第一位的，必须是优先考虑公司的事情。公司不会发声，"还得扩大销售额！""得让经营更加稳健！"这些话公司自己不会说，作为社长，我必须说，我必须充当公司的代言人。

我是人，公司不是人，而是无生物，我必须代表公司，"公司要求这么干！"我必须代言。那么，我何时回归到我个人呢？当我返回到个人的时候，我就要思考我个人的私事，这时候公司就无法发挥它的功能。

但这么做是不行的。既然当上了社长，虽然可怜，但已经不允许再回到自己个人了，社长必须彻底地排除自己的私心杂念。

当我这么想的时候，我就公开宣布"京瓷公司不采用世袭制”，“我不让我的孩子来继承公司的事业，也尽量不让我的亲属进入公司、担当重任。不可加进‘私心’，要让和我一起同甘共苦的干部员工来担当将来的社长、会长”。我就是这么想的。

当然，我并不是说世袭制本身不好。特别是中小企业的场合，有所谓“家业”，一族人克勤克俭，经营着传统的企业。在这种情况下，经营者应该这样对员工说：“我们公司虽然是世袭制，但我绝不会驱使大家为了我个人的私利私欲拼命干活，我是为了各位生活幸福，才拼命经营企业，希望大家协助我！”

然而，京瓷已经成长为一个规模巨大的公司，已经远远超越了“私”这个范围，已经真正成了“社会公器”，已经没有余地夹进稻盛和夫的一己之私了。

从头到尾贯彻这种无私的精神，看起来似乎不近人情，是违背人们正常感情的行为。但我相信，这是位于众人之上的领导者不可或缺的条件。

另外，正是看到经营者这种无私的姿态，员工们才会想：“我就跟定这个人了！”“如果是为他的话，我愿意拼命干！”同时因为经营者自己堂堂正正、问心无愧，就可以严格要求员工。

实际上，对于工作马虎的员工，我常常会这么斥责他们：“为了包括你在内的全体员工的幸福，我率先垂范，从早到晚拼命努力，你却如此马马虎虎、敷衍塞责，行吗？为了你自己，为了你的家族，也为了周围的伙伴，你得认认真真地干，不要让我为难。”

受到批评的员工，因为不是为了经营者的私利私欲，目的是为大家，是为脱离了“私”字的“公”，他们也会鼓励自己，把自己具备的力量最大限度地发挥出来。

再进一步，超越为了员工的幸福这一集团的范围，以“为社会、为世人”的利他之心为基础，踏进没有任何人敢于踏入的领域，集聚众人的力量，朝着共同的方向，众志成城，把事业引向成功。

当日本的电气通信事业打破垄断、开始自由化之际，以京瓷为母体的DDI，即现在的KDDI的创业，就是一个典型的例子。京瓷属于制造厂家，当我决定要参与性质完全不同的通信领域的时候，就参与的动机中有没有夹杂私心，我曾严格地自问。从想要参与通信事业的时候开始，在就寝以前，每天晚上，我都要自问自答。

“你想参与通信事业，真的是为国民着想吗？没有谋求公司和个人利益的私心混杂其中吗？不是想哗众取宠、获得世人的喝彩吗？你的动机纯粹吗？真的没有一点儿杂念吗？”

就是说究竟是不是“动机至善，私心了无”？我一次又一次叩问自己的内心，反复逼问自己动机的真伪。整整半年以后，我确信自己没有一丝邪念，这才起步踏入通信领域。

以京瓷为主体创建的DDI与其他新加入的公司相比，既无经验，又无技术，被公认为条件最差。但DDI从逆境中奋起，从刚营业开始，就在新入企业中取得了最好的业绩，而且一路领先。

其成功的原因，当时乃至现在都有不少人在询问。对此，我的答案只有一个：为社会、为世人做贡献，就是这一无私的动机带来了成功的结果，仅此而已。

从DDI创业开始，我就反复向员工们诉说：“我们一定要努力降低国民的长途电话话费!”“人生只有一次，让我们把宝贵的人生变得更有意义吧!”“现在我们适逢百年难遇的巨大的机会，我们要诚挚地感谢上苍，我们要抓住这天赐的良机!”

这样，DDI 的全体员工不是为自己，而是从为社会、为世人的纯粹动机出发，从内心渴望事业的成功，全身心投入工作，因此获得了有关各方的支持，从而又获得了客户们广泛的援助。

DDI 创业后不久，我给予一般员工购进股票的机会。因为我认为，DDI 在不断成长发展，股票终将上市，到那时，通过资本利得的方式，可以让员工们的辛勤努力获得回报，同时也表达我对员工们的感谢之情。

另一方面，作为创业者，我自己本可以获得最多的股份，但事实上我连一股都没有。这是因为在 DDI 创业当初，我就已经考虑好了不夹杂任何的私心。

如果我持有哪怕一股股票，人家说我归根到底还是为了赚钱，我就难以反驳。同时，DDI 后来就一定会走向错误的方向。我认为现在的 KDDI 之所以成功，就是因为排除了私心，揭示了为社会、为世人的崇高的事业目的，全体员工朝着这一目的奋勇前进的结果。

这在日本航空的重建中也完全一样。在中国的讲演中我已多次提过，**由哲学推动的意识改革，由阿米巴经营推动的组织改革，以及管理会计的引进，改变了日本航空以往官僚主义的企业文化，每一位员工都主动出力，为改进日航的经营拼命努力。这才是日航重建成功的最大原因。**

同时我想还有一点，就是在重建过程中我自己的态度感动了员工们的心。我出任会长不拿一分钱薪水，虽然年事已高，仍然全身心投入重建工作，这也给了员工们有形无形的影响。

我曾多次拒绝日本政府的邀请。但为了日本经济的重生，为保证日本航空留任员工的雇用，为了乘用飞机的方便性，为了履行这三条大义，我还是接受了会长的职务。当初因为还有别的工作，另外已是高龄，所以我承诺一周上班三天。

但是，出于无论如何也要让日航重建成功的愿望，在全力投身于工作的过程中，从原来打算的一周三天变成了四天、五天，结果一周一大半时间都花费在了日本航空上了。我家住京都，离日航总部所在的东京距离很远，我快 80 岁了，一周的时间几乎都在东京的宾馆中度过，有时晚饭就吃两个饭团打发过去。

不是有意识这么做，但看到我以无私的姿态拼命投入日航重建的身影，许多日航员工自然就会这么想："和自己的父亲、祖父一样年龄的稻盛先生，不要任何报酬，原本与日航没有任何关系，却在为日航的重建拼死努力，那么，我们自己不更加努力，怎么说得过去呢！"

我想在日本航空每一位员工都全力投入重建的时候，我的以身作则给了他们莫大的激励。

那么为什么我能够以这种无私的姿态投入日航的重建？因为"**为社会、为世人做贡献是人最高贵的行为**"，这已成为我牢固不动的人生观。

我认为，神灵把所有的人送来现世的目的，就是要让大家"为社会、为世人尽力"。或者说，我们将自己的人生做这样的定位才是最重要的。就是要能破除私心，而去为他人尽力行善，付出自我牺牲。

不管我们愿意不愿意、喜欢不喜欢，最后我们都会迎来死亡。当死亡来临之际，不管过去做出过多大的业绩，也不管有多高的名誉地位，积聚了多雄厚的财产，都不可能带往那个世界。在死亡面前大家一律平等，只能一个人静静地死去。

我们来到这世上，活到了今天，真要面临死亡的时候，我们的心灵、我们的魂魄是否能平静地、安宁地朝着那个世界起程，这才是问题所在。换句话说，问题在于，我们在人生的波涛中，是否磨炼了自己的灵魂，是否带着稍稍净化美化了的灵魂去迎接死亡。

正是为了磨炼灵魂，才必须为社会、为世人尽力。这并不意味着要去做什么特别的事情。就我们经营者而言，就是要把企业经营好，让员工包括其家属在内的所有相关的人都能放心地把自己的人生托付给公司。这本身就是了不起的善举，就是为社会、为世人尽力。

我认为，通过这种善行而磨炼得更为美好的灵魂，只有这灵魂才是能够带往那个世界的、唯一的、真正的勋章。

这样思考的话，那么用无私的姿态去经营企业就绝不是什么苦差事。相反，正是在这里才能找到工作的意义。

当然，这将伴随着自我牺牲。经营者越为员工、为社会、为世人尽力，就越会影响到经营者个人的家庭生活。

一般的父亲，在孩子的成长过程中，可以与孩子一起度过家庭团聚的快乐生活，可以参加孩子学校的例行活动，还可以经常带着孩子外出旅行。

但是，正如前面所说，经营者必须24小时考虑公司的事情，哪怕是片刻的分心，在这片刻中公司的运行可能就会停止，因为我是这么想的，所以不要说考虑我自己，就是考虑家庭的时间我也会予以节制。

许多人对我说："你每天早出晚归，节假日也在奔忙，连陪家人的时间也没有，你的夫人和孩子不是很可怜吗？"

但是，我并不认为我在牺牲我的家庭。因为我不把只是守护好家庭，或者只要维护好我个人的那种小爱当使命，而是要让更多的员工幸福，把这种大爱作为自己的使命。在这个意义上讲，不如说我的人生比任何人都更丰富、更有价值、更幸福。对此，我现在有深切的感受。

对于经营者而言，幸福是什么呢？不是为了自己，而是为社会、为世人做有意义的事，并且对此感到自豪和自信，这种自豪和自信在我们面临经营困难的时候会给予我们巨大的勇气，同时，当我们在做这些好事的时候，我们会感觉到喜悦。我认为，这些才是我们经营者最大的幸福。

付出以笔舌难以道尽的辛劳，勤奋努力、拼命奋斗，守护公司，守护员工，守护社会，感觉到自己在做这些好事的时候，我们经营者同时也能感觉到喜悦和快乐，我认为，感觉到这种喜悦和快乐就是我们经营者最大的幸福。

我希望大家都成为能够感受到这种幸福的经营者。从一开头，我就讲到经营者要成大器、做大事，就必须在理解经营的原理原则和经营方法的同时，重新思考自己工作的意义。

出于单纯的个人欲望希望事业成功，从这里出发，一点一点提升自己的心性，磨炼自己的人格，把为员工、为社会、为世人尽力作为工作的目的，把认识提高到这个境界，我认为就是经营者的所谓成大器、做大事。

只要这种成大器、做大事的经营者今后不断增加，我相信，这就不仅能给各自的企业带来成长发展，而且能给中国国民带来物质和精神两方面的幸福，还能促进中国经济的健康发展。

最后祈愿杭州越来越繁荣，祈愿今天汇聚在这里的经营者们事业兴旺发达。就此结束我的讲话。

谢谢大家！

盛和塾

良知企业家提高心性、拓展经营的学习平台

一、盛和塾的属性

稻盛和夫经营研究中心又称“盛和塾”，是由稻盛和夫先生亲自提议、亲自授权在中国大陆设立的、经营者学习“稻盛经营学”的非营利性学习平台，由稻盛和夫（北京）管理顾问有限公司负责大陆地区的运营和管理。

二、盛和塾的简介

1983 年，京都的一批年轻企业家们向稻盛先生提出了这样的愿望，希望同样是经营者而又经历过了许多经营的烦恼和困惑的稻盛先生，给他们讲一讲应该如何开展经营。虽然工作非常忙碌，但是稻盛先生认识到自己能够走到今天，也是因为得到了社会上许多人的帮助。为了回馈社会，虽然很忙但也应该以志愿者的身份把自己的经验和经营理念，尽可能地传递给这些年轻的企业家，尽管微不足道，但也能够给他们提供一些参考，这对日本的经济，世界的经济也是一件好事。就这样，年轻企业家为了学习稻盛先生的经营理念、人生观而自发组织的“盛和塾”就诞生了。盛和塾自诞生那一刻起，其血脉中流淌着的就是“爱”，就是稻盛先生对世人、对社会的浓浓的关爱之情。

“盛和塾”刚成立时只有 25 名会员，现在“盛和塾”已发展到 97 个分塾，除日本外，美国、巴西、中国大陆及中国台湾地区、韩国、新加坡相继成立了分塾，塾生总数已超过 12 000 名。

“盛和塾”成立三十多年以来，不仅会员人数不断增加，学习质量也不断提高。塾员在一起相互学习、切磋琢磨。在每年一次的盛和塾世界大会和定期举办的塾长例会上，稻盛塾长都会从繁忙中挤出时间，义务为塾生们讲演，解答他们在经营中遇到的难题。其中有一百余位塾生，他们企业的股票已先后上市。这么多的企业家，在这么长的时间内，追随稻盛和夫先生，把他作为自己经营和人生的楷模，这一现象，古今中外，十分罕见。

三、盛和塾在中国

中国大陆地区自 2007 年至今，无锡、北京、山东、大连、广东、南昌、重庆、上海、成都、杭州、沈阳、福州、长沙、西安、温州、郑州、厦门、深圳、太原、长春、哈尔滨、银川、宁波、南京、南宁、襄阳、呼和浩特等二十七个地区盛和塾以及武汉、合肥、贵阳、天津、石家庄、新疆等六家筹备处先后成立，截至 2018 年 12 月底，长期在盛和塾平台学习的经营者达 6731 人。

2017 年 5 月，中国盛和塾成立 10 周年庆典暨全国理事长会议上，确立了中国盛和塾的使命（大义名分）“帮助企业家提高心性、拓展经营，实现员工物质与精神两方面幸福，助力中华民族伟大复兴，促进人类社会进步发展”。

“盛和塾”公众号　　“稻盛和夫”公众号